Du machst mir auf. Wie schön. Da bin ich.

Mit freundlicher Unterstützung von:

Kasseler Sparkasse – 175 Jahre gut für die Region · FAHRRADHOF · Vollkornbäckerei BROTGARTEN · STATT AUTO · Sparkassen-Kulturstiftung Hessen-Thüringen

Danksagung:
Für Leihgaben und Unterstützung: F.W. Bernstein, Klaus Bittermann, Caricatura – Museum für Komische Kunst in Frankfurt/Main, Wiglaf Droste, Bernd Eilert, Klaus Ensikat, Eulenspiegel Verlag, Achim Frenz, Kai Füldner, Almut Gehebe-Gernhardt, Hans-Joachim Gelberg, Bernd Gieseking, Thomas Gsella, Birgit Göckritz, Nikolaus Heidelbach, Eckhard Henscheid, Rudi Hurzlmeier, Ernst Kahl, Antje Kunstmann, Pauline Liesen, Nicolas Mahler, Martin Mertens, Museum Burg Wissem – Bilderbuchmuseum der Stadt Troisdorf, Gerhard Pätzoldt, Harry Rowohlt, Andreas Schäfler, Walter Schmögner, Wilhelm Solms, Michael Sowa, Cornelia Volhard-Waechter, Marcus Weimer, Wilhelm-Busch-Museum in Hannover und Jule Witte.

Das vorliegende Buch entstand anlässlich der Ausstellung:
»Unsere Helden – Kunst und Komik im Kinderbuch« in der Caricatura – Galerie für Komische Kunst im KulturBahnhof Kassel und im Naturkundemuseum im Ottoneum Kassel.

Caricatura – Galerie für Komische Kunst
im KulturBahnhof, Bahnhofsplatz 1, 34117 Kassel
www.caricatura.de

Geschäftsleitung: Inka Bachmann / Martin Sonntag
Ausstellung: Nils Folckers
Grafik: Isabelle Winter
Kommunikation: Anne Hennighausen
Vertrieb & Merchandising: Nicole Schwindt
Technische Leitung: Volker Schmuck
Sekretariat: Imke Rudolf
Texterfassung: Lilly Rosine Leusch
Objektbau: Siegfried Böttcher

Caricatura Edition / Edition TIAMAT

1. Auflage: Berlin 2008

Herausgeber: Nils Folckers
Gestaltung: Isabelle Winter
Reproduktionen: Fotomania, Kassel
Druck: ausDRUCK, Kassel
Titelbild: Walter Schmögner
Vorsatztitel: Aus F. K. Waechter: »Da bin ich«

Erscheint im Verlag Klaus Bittermann
Grimmstraße 26, 10967 Berlin

ISBN: 978-3-89320-129-7

NILS FOLCKERS (HG.)

UNSERE HELDEN

KUNST UND KOMIK IM KINDERBUCH

Caricatura Edition / Edition TIAMAT

Nachweise:

F. W. Bernstein: »F. K. Waechters letzte Zeichnungen«
Erstdruck

F. W. Bernstein: »Johann Weber Sägewerk Oder:
Wie sich geheimnisvolle schwarze Riesen auf wundersame Weise in heitere Gesellen verwandeln«
erschien am 19. November 2003 in der Frankfurter Rundschau.

Wiglaf Droste: »Ein Glücksfall von einem Buch«
Originalbeitrag

Bernd Eilert: »›Die Kronenklauer‹ – und wie sie wurden, was sie sind. Eine Erinnerung.«
Originalbeitrag

Nils Folckers: »Die Kinderbücher aus dem Kreis der Neuen Frankfurter Schule«
Originalbeitrag

Hans-Joachim Gelberg: »So fing alles einmal an! – Erinnerung an F. K. Waechter«
Originalbeitrag

Robert Gernhardt: »Ein Verbündeter«
Erstdruck in Uwe Naumann (Hg.): »Verführung zum Lesen.
Zweiundfünfzig Prominente über Bücher, die ihr Leben prägten«
Rowohlt Verlag, 2003.

Peter Hacks: »Der Bär auf dem Försterball«

Der Abdruck der Texte von Peter Hacks: »Pieter Welschkraut« und
»Was ist ein Drama, was ist ein Kind?« erfolgt aus: Peter Hacks: »Hacks Werke in fünfzehn Bänden«

Nikolaus Heidelbach: »Kinder am Abgrund?« Zuerst in »Der Bunte Hund« Nr. 11/1985;
ebenso in: Nikolaus Heidelbach, »Vorsicht Kinder«, Beltz & Gelberg, 1987.
Erstdruck des vollständigen Zyklus

Eckhard Henscheid: »Kasperle, Pucki, Purzelwind.
Von der Kindlektüre zum späteren Schriftstellerberuf – ein nicht unmittelbar plausibler Weg.«
erschien am 12. März 2003 in der Frankfurter Rundschau.

Eckhard Henscheid: »Kasperle, Pucki, Purzelwind oder Warum ich kein Kinderbuch geschrieben habe«
Originalbeitrag

Ernst Kahl: »Da liegt der schwarze Bösewicht. Kindheit mit Wilhelm Busch.«
Erstdruck: Mitteilungen der Wilhelm-Busch-Gesellschaft 1993.

Nicolas Mahler: »Der Nachtmahr«
erschien 2004 als »Le Cauchemar« in der Editions Bréal.
Deutsche Erstveröffentlichung (gekürzt)

Rattelschneck: »Wie im Rausch«
Originalbeitrag

Illustrationen zu Pieter Welschkraut mit freundlicher Genehmigung von Michael Sowa.
Erstdruck

F. K. Waechter: »Wollt ihr Kunst machen oder was für Kinder?«
Erstdruck in F. K. Waechter: »Der Schweinehirtentraum«, Verlag der Autoren, 1991.
Mit freundlicher Genehmigung von Cornelia Volhard-Waechter.

Auszug aus F. K. Waechter: »So dumm waren die Hebräer«
Erstdruck 1973 im Schniebels Comic Verlag. Mit freundlicher Genehmigung von Cornelia Volhard-Waechter.

Leihgeber der Bilder von Volker Kriegel und F. K. Waechter
ist das Wilhelm-Busch-Museum Hannover – Deutsches Museum für Karikatur und kritische Grafik.

Das Logo der NFS und das von pardon wurden von F. K. Waechter gezeichnet. Die Vignetten im Buch sind der Wandgeschichte »Der König der Eichhörnchen wechselt den Baum« von F. K. Waechter (Beltz & Gelberg, 1974) entnommen. Die Vignette bei Peter Hacks »Was ist ein Drama, was ist ein Kind?« wurde von Klaus Ensikat gezeichnet und stammt aus »Liebkind im Vogelnest« (Verlag Neues Leben, 1987).

Alle Beiträge sind in ihrer originalen Rechtschreibung gedruckt.

INHALTSVERZEICHNIS

Peter Hacks

Der Bär auf dem Försterball

Mit Illustrationen von
Walter Schmögner

Der Bär schwankte durch den Wald,
es war übrigens Winter;
er ging zum Maskenfest.
Er war von der besten Laune.
Er hatte schon ein paar Kübel
Bärenschnaps getrunken;
den mischt man aus Honig, Wodka
und vielen schwierigen Gewürzen.

Des Bären Maske war sehr komisch.
Er trug einen grünen Rock,
fabelhafte Stiefel
und eine Flinte auf der Schulter;
ihr merkt schon, er ging als Förster.

Da kam ihm, quer über den
knarrenden Schnee,
einer entgegen: auch im grünen Rock,
auch mit fabelhaften Stiefeln und
auch die Flinte geschultert.
Ihr merkt schon, das war der Förster.

Der Förster sagte mit einer
tiefen Baßstimme:
»Gute Nacht, Herr Kollege,
auch zum Försterball?«

»Brumm«, sagte der Bär,
und sein Baß war so tief wie
die Schlucht am Weg,
in die die Omnibusse fallen.

»Um Vergebung«,
sagte der Förster erschrocken,
»ich wußte ja nicht,
daß Sie der Oberförster sind«.
»Macht nichts«,
sagte der Bär leutselig.

Er faßte den Förster unterm Arm,
um sich an ihm festzuhalten,
und so schwankten sie beide
in den Krug zum zwölften Ende,
wo der Försterball stattfand.

Die Förster waren alle versammelt.
Manche Förster hatten Geweihe,
die sie vorzeigten,
und manche Hörner, auf denen sie bliesen.
Sie hatten alle lange Bärte und
geschwungene Schnurrbärte,
aber die meisten Haare
im Gesicht hatte der Bär.

»Juhu«, riefen die Förster und
hieben den Bären kräftig auf den Rücken.

»Stimmung«, erwiderte der Bär
und hieb die Förster auf den Rücken,
und es war wie ein ganzer Steinschlag.

»Um Vergebung«,
sagten die Förster erschrocken,
»wir wußten ja nicht,
daß Sie der Oberförster sind«.

»Weitermachen«, sagte der Bär.
Und sie tanzten und tranken und lachten;
sie sangen, sie hätten so viel Dorst
im grünen Forst.
Ich weiß nicht, ob ihr es schon erlebt habt,
in welchen Zustand man gerät,
wenn man so viel tanzt und trinkt,
lacht und singt.

Die Förster gerieten in einen Tatendrang
und der Bär mit ihnen; der Bär sagte:
»Wir wollen jetzt ausgehn,
den Bären schießen«.

Da streiften sich die Förster ihre
Pelzhandschuhe über
und schnallten sich ihre Lederriemen
fest um den Bauch; so strömten sie
in die kalte Nacht.

Sie stapften durchs Gehölz.
Sie schossen mit ihren Flinten in die Luft.
Sie riefen Hussa und Hallihallo und Halali,
wovon das eine so viel bedeutet
wie das andere,
nämlich gar nichts,
aber so ist das Jägerleben.

Der Bär riß im Vorübergehen
eine Hand voll trockener Hagebutten
vom Strauch und fraß sie.

Die Förster riefen:
»Seht den Oberförster, den Schelm«,
und fraßen auch Hagebutten und
wollten sich
ausschütten vor Spaß.

Nach einer Weile jedoch merkten sie,
daß sie den Bären nicht fanden.
»Warum finden wir ihn nicht?«
sagte der Bär.
»Er sitzt in seinem Loch, ihr Schafsköpfe«.

Er ging zum Bärenloch,
die Förster hinterdrein.
Er zog den Hausschlüssel aus dem Fell,
schloß den Deckel auf und stieg hinunter,
die Förster hinterdrein.

»Der Bär ist ausgegangen«,
sagte der Bär schnüffelnd,
»aber es kann noch nicht lange her sein,
es riecht stark nach ihm«.
Dann torkelte er zurück in den
Krug zum zwölften
Ende und die Förster hinterdrein.

Sie tranken gewaltig nach
der Anstrengung,
aber die Menge, die der Bär trank,
war wie ein Schmelzwasser,
das die Brücken fortreißt.
»Um Vergebung«,
sagten die Förster erschrocken,
»Sie sind ein großartiger Oberförster«.

Der Bär sagte:
»Der Bär steckt nicht im Walde,
und der Bär steckt nicht in seinem Loch;
es bleibt nur eins, er steckt unter uns
und hat sich als Förster verkleidet«.

»Das muß es sein«, riefen die Förster,
und sie blickten einander mißtrauisch
und scheel an.

Es war aber ein ganz junger Förster dabei,
der einen verhältnismäßig
kleinen Bart hatte
und nur wenige Geweihe und
überhaupt der Schwächste und
Schüchternste war von allen.
So beschlossen sie,
dieser sei der Bär.

Sie krochen mühsam auf die Bänke,
stützten ihre Bärte auf die Tische und
langten mit den Händen
an der Wand empor.
»Was sucht ihr denn?«
rief der junge Förster.
»Unsere Flinten«, sagten sie,
»sie hängen leider an den Haken«.

»Wozu die Flinten?«
rief der junge Förster.
»Wir wollen dich doch schießen«,
antworteten sie,
»du bist doch der Bär«.

»Ihr versteht überhaupt nichts
von Bären«, sagte der Bär.
»Man muß untersuchen, ob er einen
Schwanz hat und Krallen an den Tatzen«,
sagte der Bär.
»Die hat er nicht«, sagten die Förster,
»aber, Potz Wetter! Sie selbst haben
einen Schwanz und Krallen an den Tatzen,
Herr Oberförster«.

Die Frau des Bären kam zur Tür
herein und war zornig.
»Pfui Teufel«, rief sie,
»in was für Gesellschaft du
dich herumtreibst«.

Sie biß den Bären in den Nacken,
damit er nüchterner würde,
und ging mit ihm weg.

»Schade, daß du so früh kamst«,
sagte der Bär
im Walde zu ihr,
»eben hatten wir ihn gefunden,
den Bären. Na, macht nichts.
Andermal ist auch ein Tag«.

ENDE

Illustration WALTER SCHMÖGNER | Text PETER HACKS aus: DER BÄR AUF DEM FÖRSTERBALL

NILS FOLCKERS

Die Kinderbücher aus dem Kreis der Neuen Frankfurter Schule

Geschichte der Neuen Frankfurter Schule (NFS) – Kurzer Lehrgang

Im September 1962 erschien die erste Nummer der Satirezeitschrift *pardon*, aus deren Mitarbeiterstamm sich die *Neue Frankfurter Schule (NFS)* entwickelte. Die Mitglieder dieser Künstlergruppe sind die Autoren und Zeichner F. W. BERNSTEIN, BERND EILERT, ROBERT GERNHARDT, ECKHARD HENSCHEID, PETER KNORR, CHLODWIG POTH, HANS TRAXLER und F. K. WAECHTER. Sie haben die Kunst-, Literatur-, und Komikszene in Deutschland gründlich geprägt.

Die herausragende Bedeutung von *pardon* und der *NFS* lässt sich aus jetziger Sicht kaum hoch genug einschätzen. Heutzutage kann man zwischen mehreren Dutzend Fernsehkanälen, einem unüberschaubaren Zeitschriftenmarkt und Millionen von Internetseiten wählen. Die erste Nummer von *pardon* erschien dagegen noch vor dem Sendebeginn des *Zweiten Deutschen Fernsehens (ZDF)*. Vor allem war das Blatt einzigartig an den bundesdeutschen Kiosken der Adenauerära, deren Normen und Moralvorstellungen noch stark von dem erst wenige Jahre zuvor untergegangenen 3. Reich geprägt waren. Zu der Zeit herrschte ein Klima, in der etwa *DER SPIEGEL* als eine linke Zeitschrift galt, weil er in einem Artikel kritisiert hatte, dass die Bundeswehr nicht ausreichend stark bewaffnet wäre, woraufhin die konservative Regierung Haftbefehle gegen die verantwortlichen Redakteure veranlasste.

Opposition fand woanders statt: in *pardon*. Und so wuchs die Auflage nach und nach auf über 300.000 Exemplare und erreichte dabei 1,5 Millionen regelmäßige Leser, die vor allem unter Gymnasiasten und Studenten zu finden waren.

Eine regelmäßige Doppelseite mit dem Titel *Welt im Spiegel (WimS)* erlangte durch ihre besondere Komik eine herausragende Stellung. Diese entstand durch den dort gepflegten eleganten Nonsens sowie die subtile Spottlust auf Bildungsgüter und Politiker und arbeitete dabei mit Wortwitzen, Reimkomik und Zeichenkunst. Diese Zeitungsparodie wurde vom September 1964 bis zum Januar 1976 von F. W. BERNSTEIN, ROBERT GERNHARDT und F. K. WAECHTER betreut und bildete sowohl von den Machern als auch vom Humorverständnis her den inneren Kern der *NFS*. Nach inhaltlichen Auseinandersetzungen mit dem Herausgeber stellten diese Autoren schließlich ihre Tätigkeit für *pardon* ein und gründeten mit den anderen Mitgliedern der *NFS* die Satirezeitschrift *Titanic*, deren erstes Heft im November 1979 erschien. Für *pardon* bedeutete dies einen langsamen Tod, der dann auch nach wenigen Jahren des Siechtums eintrat.

Namen & Orte

Die Bezeichnung *Neue Frankfurter Schule* wurde erstmals 1981 verwendet, als für eine gemeinsame Ausstellung der Zeichner ROBERT GERNHARDT, HANS TRAXLER und F. K. WAECHTER in der Münchener Galerie *Bartsch & Chariau* nach einem eingängigen Titel gesucht wurde. Der Gruppenname *Neue Frankfurter Schule* bezieht sich – selbstredend teilweise parodistisch – auf die *Kritische Theorie* THEODOR W. ADORNOS und MAX HORKHEIMERS, die auch als *Frankfurter Schule* bezeichnet wird. Ziel dieser philosophischen Richtung war eine an den Marxismus angelehnte Überwindung des Kapitalismus. Außerdem hatten die Redaktionen von *pardon* und *Titanic* ihren Sitz in Frankfurt/Main und die meisten Redakteure wohnten auch dort.

Die Künstlergruppe selber hatte sich schon längst zusammengefunden, in Redaktionskonferenzen bei *pardon*, bei Arbeitssitzungen in Kneipen, Feiern und gemeinsamen Projekten für den Rundfunk oder für Bücher, bei denen es zahlreiche Kooperationen gab.

Viele der heute bekanntesten Arbeiten der *NFS*, wie ROBERT GERNHARDTS HIER SPRICHT DER DICHTER, wurden in den frühen 1980er Jahren im *Zeitmagazin* veröffentlicht. Dies wurde von der dafür zuständigen Redakteurin ANNA MIKULA im Blatt durchgesetzt und in Auftrag gegeben.

Dadurch wurden Ansehen und Popularität der *NFS* auch bei Bildungsbürgern gefördert, falls diese nicht schon zu ihren Studentenzeiten *pardon* gelesen hatten.

Es gab auch eine vielfältige Zusammenarbeit mit anderen Künstlern, mit denen man sich inhaltlich oder technisch verstand. So hat etwa ROBERT GERNHARDT sowohl für den Komiker OTTO WAALKES als Gagschreiber gearbeitet, als auch mit dem Dichter PETER RÜHMKORF Auftritte und Veröffentlichungen »in gemeinsamer Sache« (dem Reimgedicht) gemacht. Zwar ist auf den ersten Blick kaum ein größerer Gegensatz denkbar als zwischen dem Nonsensbarden OTTO und dem akribischen Verseschmied und Hochkomiker RÜHMKORF. Aber gerade das macht den Kreis um die *Neue Frankfurter Schule* aus: Sie befassten sich mit allen möglichen Formen von Komik – wie Parodie, Satire, Witz, Reim und Nonsens – und arbeiteten mit durchaus unterschiedlichen, aber in der Sache verwandten Geistern zusammen. Daneben wurde geradezu selbstverständlich die eigene Zeitschrift *Titanic* zu einem Sammelplatz verbündeter Zeichner, Grafiker, Maler, Dichter und Autoren.

Eine ähnliche Sammelfunktion gleichgesinnter Künstler hatten auch einige Verlage, wie der aus dem *pardon*-Versand entstandene Verlag *Zweitausendeins* und ab 1982 der Zürcher *Haffmans Verlag*. Das Verlagshaus des ehemaligen *Diogenes*-Lektors GERD HAFFMANS veröffentlichte liebevoll ausgestattete Werke aus dem Kreis der *NFS* wie von GERNHARDT, BERNSTEIN und HENSCHEID. Zugleich versammelte es in seinem Almanach *Der Rabe – Magazin für jede Art von Literatur* viermal im Jahr neuere Autoren und Zeichner rund um die *Titanic*, bei denen ein eigenes Buch ein noch zu gewagtes finanzielles Risiko gewesen wäre.

Schule mit Clowns

Nun ist es für Zeichner und Maler naheliegend im Bereich Kinderbuch zu arbeiten. Illustrierte Literatur für Erwachsene findet nur einige wenige Liebhaber und fristet in kleinen Editionen ein Nischendasein. Selbst Comics und Cartoonbände sind kommerziell nur selten besonders erfolgreich. Was unter anderem daran liegt, dass sie hierzulande erst seit kurzer Zeit vom Feuilleton ernsthaft wahrgenommen und von kenntnisreichen Redakteuren besprochen werden. Denn erst seit einigen Jahren gibt es in Deutschland Rezensenten, die diese Kunstform, angesiedelt zwischen Literatur und

»In dem Fall«,
meinte Neill scherzend,
»wäre es besser,
die Kinder abzuschlachten.«

aus: F. K. WAECHTER DER ANTI-STRUWWELPETER / Illustration F. K. WAECHTER aus: DIE GRÜNE WOLKE

Zeichnerei, adäquat beurteilen können, anstatt sie pauschal als Schund zu verwerfen, wie es in den Anfangsjahren von *pardon* noch ganz selbstverständlich war. Auch diese Entwicklung geht zu einem großen Teil auf die Arbeit der *Neuen Frankfurter Schule*, etwa auf die Rubrik *Humorkritik* in *Titanic*, zurück.

Die meisten Künstler aus dem Kreis der *NFS* sind mit ihren Arbeiten für Erwachsene renommiert und erfolgreich, sei es als Cartoonist, Maler, Dichter, Dramatiker, Drehbuchautor, Kritiker, Satiriker oder Romancier und gehören zu den Besten und Hochdekoriertesten ihres Fachs im deutschen Sprachraum. Gerade deshalb ist es spannend, auf die Kinderbücher aus dem Kreis der *NFS* einen besonderen Blick zu werfen. Denn fast alle Künstler der *NFS* und viele aus deren Umfeld haben Bücher für Kinder verfasst. Bis auf ECKHARD HENSCHEID, der es aber in diesem Buch noch selber erklären wird (SEITE 103FF). Eine starke Motivation war die Unzufriedenheit mit den erhältlichen Kinderbüchern der Zeit, weil viele dieser Künstler nun auch selber Kinder hatten.

Den Anfang machte FRIEDRICH KARL WAECHTER (1937–2005) mit seinem legendären Buch DER ANTI-STRUWWELPETER ODER LISTIGE GESCHICHTEN UND KNALLIGE BILDER (1970). Das Original STRUWWELPETER von HEINRICH HOFFMANN (1809–1894) war zu diesem Zeitpunkt immer noch der deutschsprachige Kinderbuchklassiker und auch deshalb in progressiven Kreisen ein besonders verabscheutes Beispiel für autoritäre Erziehung. Von F. K. WAECHTER umgeschrieben und in Reimform gebracht, werden nun bisher selbstverständliche Autoritäten lächerlich gemacht, während im

»Was können wir denn noch zusammen machen?«

»Wir können Nase-Nase machen.«

»Und was noch?«

»Wir können Po-Po machen.«

»Und wir können Bauch-Bauch machen.«
»Ich glaube, wir können noch viel zusammen machen.«

aus: F. K. WAECHTER WIR KÖNNEN NOCH VIEL ZUSAMMEN MACHEN

Original die Kinder von den Erwachsenen grausam zurecht gezogen werden. Ursprünglich von F. K. WAECHTER nicht unbedingt für junge Leser gedacht, wurde es sein erfolgreichstes Kinderbuch und ist seit der Erstausgabe durchgehend lieferbar.

Er spürte, wie die geduckte Gestalt
in seinen Händen emporwuchs, und schaute
hinter ihren Fächer und sah ein lachendes Mädchen an,
das war so schön wie der junge Morgen.

aus: F. K. WAECHTER DIE MONDTÜCHER

F. K. WAECHTER wurde nicht nur durch den ANTI-STRUWWELPETER zu dem Hauptvertreter des antiautoritären Kinderbuchs. Auch seine Illustrationen zu A. S. NEILLS DIE GRÜNE WOLKE von 1971 trugen dazu bei. Angeregt durch die Arbeit in einem selbst verwalteten Kinderladen, die in dieser Szene für die Eltern verpflichtend war, schuf er eine große Anzahl antiautoritärer Kinderbücher. Wie etwa DIE KRONENKLAUER (1972), ein Buch das F. K. WAECHTER zusammen mit BERND EILERT verfasste, und das als Meilenstein der Kinderliteratur dieser Zeit gilt. Gerade dadurch, dass es die Kinder schelmisch dazu animiert, in das Buch hinein zu zeichnen und dieses so selber mit zu gestalten. Sein Bilderbuch WIR KÖNNEN NOCH VIEL ZUSAMMEN MACHEN (1973) erhielt 1975 den *Deutschen Jugendliteraturpreis* und erschien auch in der DDR. Dort wurde allerdings die Piratenflagge geschwärzt, die auf dem Titelbild den Kahn ziert, in dem die Hauptpersonen Schweinchen Inge und Vogel Philip sitzen. Liebe, Nacktheit und Sexualität sind selbstverständliche Bestandteile des Lebens und für F. K. WAECHTER daher auch selbstverständlicher Teil seiner Kinderbücher. Ebenso zeichnete er auch Religionskritisches für Jugendliche, wie SO DUMM WAREN DIE HEBRÄER (1973), ganz in der Tradition von *pardon*. Dieses Heft ist heute so rar, dass es hier auszugsweise abgedruckt wird (SEITE 67FF).

F. K. WAECHTER verfasste auch mehrere Spiele- und Rollenspielbücher. Nach ersten Erfahrungen mit dem Kindertheater arbeitete er ab 1975 hauptsächlich in diesem Bereich und schrieb über 70 Miniaturen, Kurzdramen und abendfüllende Stücke. Sein erfolgreichstes Stück ist wohl SCHULE MIT CLOWNS (1975). Ab den 1990er Jahren schrieb er Kinderbücher, in

Grüne Soldaten folgten,
liefen der bleichen Wintersonne
nach nach Westen.
Sie zogen alle nach Westen.

aus: F. K. WAECHTER
DER ROTE WOLF

Vom Verlag wegen der Weinflasche verworfenes
und ungedrucktes Motiv für DA BIN ICH

»Ich laufe durch Feriengäste zum Bahnhof«, aus: F. K. WAECHTER DA BIN ICH

Buchcover: HARRY ROWOHLT I PETER SCHÖSSOW ICH, KATER ROBINSON

denen weniger Komik als märchenhafte Poesie Stilmittel waren, wie DA BIN ICH (1997) und DER ROTE WOLF (1998), in dem auch seine eigenen Erfahrungen als Kind mit Flucht und Vertreibung am Ende des Zweiten Weltkriegs eingeflossen sind. Für dieses Werk erhielt er 1999 den *Deutschen Jugendliteraturpreis* in der Sparte Bilderbuch. Der Auslöser für die Arbeit an DA BIN ICH war der Bürgerkrieg in Jugoslawien, dem ersten Mal nach 1945 in Europa, dass Kinder wieder massenhaft Opfer gewalttätiger Auseinandersetzungen wurden.

HARRY ROWOHLT (*1945), arbeitet als Übersetzer, Autor, Rezitator und Schauspieler (Penner Harry in der Fernsehserie *Lindenstraße*) und ist eine herausragende Persönlichkeit aus dem Kreis um die *Neue Frankfurter Schule*. Da er 1965–1967 beim *Suhrkamp Verlag* Lehrling war und in Frankfurt wohnte, traf er zufällig die *WimS*-Macher und begrüßte sie mit den Worten: »Euch fällt ja auch nichts mehr ein.« So legte er die Grundlage für eine lange währende Freundschaft und bot generös die Gelegenheit, ihn über vierzig Jahre lang immer aufs Neue zu widerlegen. Sein Bruder, der Verleger HEINRICH MARIA LEDIG-ROWOHLT, hatte Ende der 1960er Jahre den *Szczesny Verlag* gekauft. Zu den dazugehörigen Rechten zählte auch der Roman THE LAST MAN ALIVE (DIE GRÜNE WOLKE) VON 1938 (Neufassung 1970) des britischen Internatsleiters A. S. NEILL, eines Stars der antiautoritären Erziehung. Dieses Werk galt als unübersetzbar und so erlaubte Ledig-Rowohlt seinem kleinen Bruder eine Übersetzung zu versuchen. HARRY ROWOHLT kaufte sich ein Wörterbuch des Rotwelschen, gewann F. K. WAECHTER als Illustrator und übersetzte einen dauerhaften

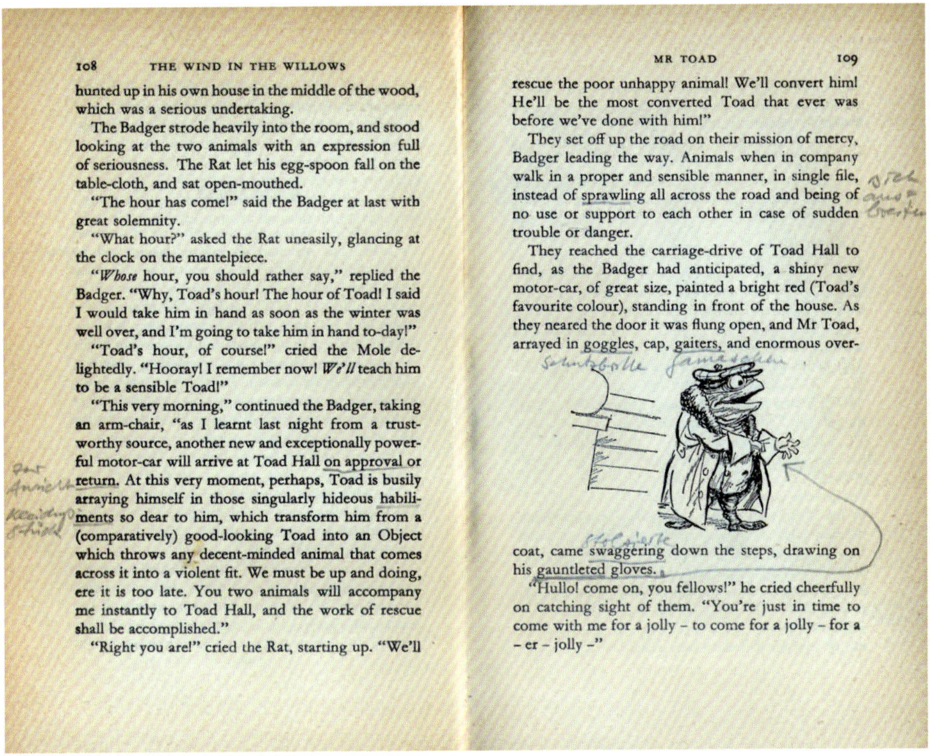

108 THE WIND IN THE WILLOWS

hunted up in his own house in the middle of the wood, which was a serious undertaking.

The Badger strode heavily into the room, and stood looking at the two animals with an expression full of seriousness. The Rat let his egg-spoon fall on the table-cloth, and sat open-mouthed.

"The hour has come!" said the Badger at last with great solemnity.

"What hour?" asked the Rat uneasily, glancing at the clock on the mantelpiece.

"*Whose* hour, you should rather say," replied the Badger. "Why, Toad's hour! The hour of Toad! I said I would take him in hand as soon as the winter was well over, and I'm going to take him in hand to-day!"

"Toad's hour, of course!" cried the Mole delightedly. "Hooray! I remember now! *We'll* teach him to be a sensible Toad!"

"This very morning," continued the Badger, taking an arm-chair, "as I learnt last night from a trustworthy source, another new and exceptionally powerful motor-car will arrive at Toad Hall on approval or return. At this very moment, perhaps, Toad is busily arraying himself in those singularly hideous habiliments so dear to him, which transform him from a (comparatively) good-looking Toad into an Object which throws any decent-minded animal that comes across it into a violent fit. We must be up and doing, ere it is too late. You two animals will accompany me instantly to Toad Hall, and the work of rescue shall be accomplished."

"Right you are!" cried the Rat, starting up. "We'll

MR TOAD 109

rescue the poor unhappy animal! We'll convert him! He'll be the most converted Toad that ever was before we've done with him!"

They set off up the road on their mission of mercy, Badger leading the way. Animals when in company walk in a proper and sensible manner, in single file, instead of sprawling all across the road and being of no use or support to each other in case of sudden trouble or danger.

They reached the carriage-drive of Toad Hall to find, as the Badger had anticipated, a shiny new motor-car, of great size, painted a bright red (Toad's favourite colour), standing in front of the house. As they neared the door it was flung open, and Mr Toad, arrayed in goggles, cap, gaiters, and enormous overcoat, came swaggering down the steps, drawing on his gauntleted gloves.

"Hullo! come on, you fellows!" he cried cheerfully on catching sight of them. "You're just in time to come with me for a jolly – to come for a jolly – for a – er – jolly –"

HARRY ROWOHLTS Handexemplar THE WIND IN THE WILLOWS von KENNETH GRAHAME (*Methuen & Co Ltd* Reprinted 1969) mit Anmerkungen.

Bestseller. Danach bekam er immer wieder Übersetzungen von Kinderbüchern angeboten. Zu seinen bekanntesten Arbeiten gehören DER WIND IN DEN WEIDEN von KENNETH GRAHAME, 1973 im *Gertraud Middelhauve Verlag* erschienen, PU DER BÄR (1987) und Werke von SHEL SILVERSTEIN (1930–1999). Dieser war nicht nur Autor amerikanischer Kinderbuchklassiker, sondern auch Komponist (A BOY NAMED SUE) und einer der zwei Artdirektoren des *Playboy*. Laut ROWOHLT sagte der *Playboy*-Gründer HUGH HEFNER über SILVERSTEIN: »Der andere Artdirektor hat sich umgebracht, und der war im Gegensatz zu Shel nicht wegen der Weiber beim Playboy.«

Geschrieben hat HARRY ROWOHLT nur ein Kinderbuch: ICH, KATER ROBINSON (1988) zu Bildern von PETER SCHÖSSOW (*1953). Nun wurde der Übersetzer HARRY ROWOHLT selber ins Dänische (1988) und Französische (1991) übersetzt.

Gerade schwer zu übertragende Bücher gelten als Spezialität von HARRY ROWOHLT und daher bekam er auch die Übersetzung der sechsbändigen EDDIE-DICKENS-TRILOGIE des Autors PHILIP ARDAGH angetragen, für die er 2003 den *Deutschen Jugendliteraturpreis* erhielt. Danach bekam er noch 2005 den *Sonderpreis des Deutschen Jugendliteraturpreises* für sein Gesamtwerk als Übersetzer. In der Begründung der Jury heißt es: »Ein All-Age-Übersetzer wie Rowohlt, der im erwachsenen- und kinderliterarischen Bereich tätig ist, kann den Blick für literarische Qualitäten schärfen, die Werke der Kinder- wie die der Allgemeinliteratur gleichermaßen auszeichnen und so die ohnehin durchlässige Grenze zwischen den Bereichen überschreiten. Es sind Qualitäten wie ausladende Komik, Schrägheit, Hintersinn, Skurrilität, Absurdität, Übertreibung und Genialität, die das gesamte Übersetzungs-Œuvre ROWOHLTS durchdringen. Sein ganzes Schaffen zeichnet sich aus durch höchste Ansprüche an sich selbst und Sprachverliebtheit bis zur Sprachbesessenheit.«

HARRY ROWOHLT sieht seine Aufgabe nicht darin, einen schlechten Text schlecht zu übersetzen, sondern ein Buch so gut zu übertragen wie es geht.

Und so schreibt HERMANN L. GREMLIZA in der Festschrift zu HARRY ROWOHLTS sechzigstem Geburtstag: »Möge ihn die Nachricht trösten, daß zwei Bücher ohne Reservierung im Haus der Dichtung Platz genommen haben: THE HOUSE AT POOH CORNER von A. A. MILNE. Und PU BAUT EIN HAUS von HARRY ROWOHLT.«

PETER HACKS (1928–2003) zog 1955 von München in die DDR und arbeitete zunächst kurzfristig bei BERTOLT BRECHT am *Berliner Ensemble*. In den 1960er Jahren wurden seine Theaterstücke sowohl in West als auch in Ost so häufig gespielt, dass er zu Lebzeiten als meistgespielter lebender deutscher Dramatiker galt. Nachdem er sich 1974 öffentlich für die Ausweisung WOLF BIERMANNS aus der DDR ausgesprochen hatte, bekam er den *Nationalpreis der DDR* und seine Stücke wurden im Westen nach und nach abgesetzt. In den 1980er Jahren steckte HACKS nach Auskunft seines Verlegers MATTHIAS OEHME in einer Sackgasse: »... der Sozialistischen Einheitspartei war er lästig durch sozialistische Auffassungen, der Akademie der Künste durch Arbeitsamkeit, beim MfS galt er als Münchner Maulwurf, und die Intellektuellen belächelten ihn als dogmatischen Biedermeier.« Nach dem Untergang der DDR schrieb HACKS trotzige Lobgedichte auf Stalinstatuen und war in der Öffentlichkeit fast vergessen oder auch ignoriert. Schon vor dem Umzug in die DDR hat er mit dem Text DER BÄR AUF DEM FÖRSTERBALL einen der lustigsten Kinderbuchtexte der neueren deutschen Literatur von zeitloser Klugheit geschrieben. Verfasst hat er ihn 1953 für die Kinderfunksendung *Betthupferl* des *Bayerischen Rundfunks.* Gedruckt wurde er zuerst in der Anthologie DICHTER ERZÄHLEN KINDERN die im Jahr 1966 im *Gertraud Middelhauve Verlag* in der BRD erschien. Danach wurde der Text circa 1971 für die *Sendung mit der Maus* im *WDR* vom Wiener Maler und Zeichner WALTER SCHMÖGNER (*1943) mit Bildern versehen, die zu einem Trickfilm montiert wurden. Nachdem SCHMÖGNER einige Bilder überarbeitet hatte, erschien 1972 das Bilderbuch im *Gertraud Middelhauve Verlag* und kam 1973 auf die Auswahlliste des *Deutschen Jugendliteraturpreises.* Das Buch erreichte über die Jahre gewaltige Auflagen und ist bis heute in verschiedenen Ausgaben lieferbar und ein moderner Klassiker der Kinderliteratur. Auch theoretisch setzte er sich mit Kinderliteratur auseinander. WAS IST EIN DRAMA? WAS IST EIN KIND? (SEITE 73FF) erschien 1980 in der Anthologie DAS UNTIER VON SAMARKAND, in dem auch das gleichnamige Kinderdrama seiner Frau ANNA ELISABETH WIEDE (*1928) abgedruckt ist.

Öffentliche Ehrungen für HACKS waren nach dem Fall der Mauer eine Ausnahme und betrafen nur seine Werke für Kinder. So erhielt er 1993 den *Alex-Wedding-Preis* für Kinderliteratur und 1998 den *Deutschen Jugendliteraturpreis* für sein literarisches Werk für Kinder.

Zwar klingt es verwegen, den Dramatiker und Dichter PETER HACKS zum Kreis um die *Neue Frankfurter Schule* zu rechnen, doch hat in den letzten Lebensjahren des Dramatikers und Dichters eine kollegiale Korrespondenz zwischen ROBERT GERNHARDT und PETER HACKS bestanden, in der auch über zukünftige gemeinsame Projekte gesprochen wurde. Jedoch haben Krankheit und Tod von PETER HACKS diese nicht mehr Realität werden lassen. Der künstlerische Austausch dieser beiden großen Lyriker beschränkt sich daher auf die folgenden zwei Gedichte: Das erstere hat PETER HACKS im Frühsommer 1998 in der Zeitschrift *konkret* veröffentlicht, das andere ist die Erwiderung von ROBERT GERNHARDT anlässlich des 75. Geburtstages von PETER HACKS:

ROTE SOMMER
von PETER HACKS

Derweil der großen Haufen sich, in überengen
Behältern drangvoll duldend wie auf Viehtransporten,
Aus Deutschlands nördlich milden Breiten oder Längen
Hinquält zu seinen grauenhaften Urlaubsorten,

Begeben Preußens dünkelhafte Kommunisten,
Gewohnt, in völliger Absonderung zu glänzen,
In Linnen leichtgewandet, duftenden Batisten,
Nach ihren Dörfern sich und Sommerresidenzen.

Und sie verharren vor Parterren mit Verbenen
Und nippen edlen Wein in schattigen Remisen.
Manchmal, nicht allzu oft, empfängt wohl dieser jenen,
Beziehungsweise jener bewillkommnet diesen.

Dann nehmen sie den Tee aus köstlichen Geschirren,
Plaudernd vom Klassenkampf, während ein Pfau, ein bunter,
Gekrönter Mohrenvogel, mit metallnem Flirren
Durch Heckenwege schreitet und zum See hinunter.

Peter Hacks: Hacks Werke in fünfzehn Bänden, Band 1, S.307,
Eulenspiegel Verlag, Berlin 2003

BLANKER NEID AUF ROTE SOMMER

Eine Klage für PETER HACKS nach Motiven von PETER HACKS
von ROBERT GERNHARDT

Derweil im großen Haufen wir auf überfüllten,
Erhitzten Straßen schrittweis in den Süden fahren,
Erblüht in meinem Kopf, dem reichlich zugemüllten,
Ein jähes Bild vom Schönen, Guten, Wahren –:

Erstehn vor meinem Auge Preußens Kommunisten
Auf raschem Weg in ihre Sommerresidenzen,
In Linnen leichtgewandet, duftenden Batisten,
Und auf dem Rücksitz Phlox, die Freundin zu bekränzen.

So bremsen sie vor den Parterren mit Verbenen,
Und lichte Frauen treten aus Remiseschatten,
Und reichen hellen Wein, den sie gleich Pfauentränen
Der Traube schierer Schönheit abgewonnen hatten.

Dann schlendert man den Heckenweg zum See hinunter,
Vom Klassenkampfe plaudernd und von bessren Tagen –
Ich aber, noch im Stau, ein Spielball bunter,
Erlesner Hacksscher Bilder, hebe an zu klagen:

Weh, daß ich Westler bin, ein Opfer der Geschichte,
Dazu verdammt, mit der Toskana anzubandeln,
Gegrillt von Hitze und gepfählt vom Lichte,
Statt deutscher Bäume tiefe Schatten zu durchwandeln!

Die aber sind Besitz betuchter Sozialisten.
Daß Hacks dazu gehört, ist freilich zu begrüßen:
Dem dünkelhaftesten von Preußens Kommunisten
Solln rote Sommer noch so manches Jahr versüßen.

In den Trümmern ohne Gnade. Festschrift für Peter Hacks,
herausgegeben von André Thiele, S. 33,
Eulenspiegel Verlag, Berlin 2003

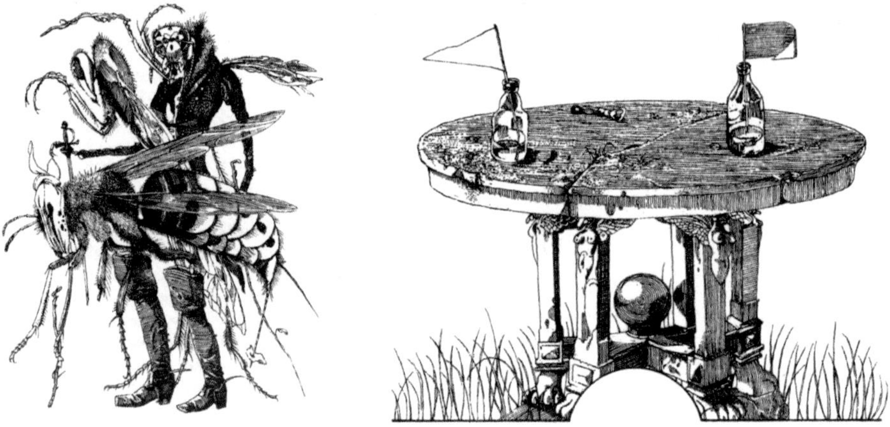

Illustration von KLAUS ENSIKAT aus: LIEBKIND IM VOGELNEST

KLAUS ENSIKAT (*1937) hat ein umfangreiches Werk illustrierter Literatur für Kinder und Erwachsene geschaffen und war in der DDR für eine ganze Generation von Zeichnern unerreichtes Vorbild. Er war und bleibt mit seinen präzisen, zart ironischen Federzeichnungen eine Ausnahmeerscheinung. KLAUS ENSIKAT hat auch mehrere Kinderbücher von PETER HACKS illustriert, etwa den Roman LIEBKIND IM VOGELNEST von 1987. Diese Geschichte spielt in zwei benachbarten Gärten. In dem einen herrschen wohlgeordnete und in dem anderen chaotische Zustände. Als der allmächtige Gartengott aus dem ordentlichen Garten verschwindet, fallen Ungeziefer und Distelsamen unter Führung einer schlimmen Fee aus dem unordentlichen Gelände ein. Als nach verschiedenen Abenteuern der Gartengott wieder erscheint, zwingt er die Fee zu einem Friedensvertrag. Darin wird den Bewohnern beider Gärten verboten, die Grenzhecke zu überschreiten und außerdem »daß Sie entlang der Hecke einen sauberen Rasenstreifen anlegen werden. Der Streifen ist wegen der Disteln ein Gesundheitsstreifen.« Dies wirkte zu der Zeit, als in Westdeutschland regelmäßig über den dort so bezeichneten »Todesstreifen« an der innerdeutschen Grenze geklagt wurde, geradezu maßlos provokant und sarkastisch. Gleichzeitig mit der Ausgabe in der DDR erschien das Buch 1987 auch in der BRD.

Außerdem hat KLAUS ENSIKAT für PETER HACKS die Geschichtensammlung KINDER KURZ WEIL (1986) und die zwei gereimten Bilderbücher

Und Jules Ratte mit den andern
Bestieg den Zug um 9 Uhr 4,
Um nach Granada auszuwandern.
Dort wurde sie ein großes Tier

Sie schrieb ein Buch, gelobt von allen,
Über den Bau von Katzenfallen
Und eine komplizierte Schrift
Zum Thema Rattengegengift.

Illustration KLAUS ENSIKAT | Text PETER HACKS aus: JULES RATTE

Illustration von KLAUS ENSIKAT aus: DER FLOHMARKT

DIE SONNE (1974) und JULES RATTE (1981) illustriert. Abschließend erschien 2001 die großartige und kongenial gezeichnete Sammlung von Kinderlyrik DER FLOHMARKT. Wegen seines zeitaufwändigen Stils hat KLAUS ENSIKAT einen vollen Terminkalender, aber PETER HACKS wartete oft lieber auf KLAUS ENSIKAT, als einen weniger geschätzten Zeichner für seine Bücher zuzulassen. So hat MATTHIAS OEHME von HACKS den Satz überliefert: »Von Ensikat lasse ich mir auch meine Steuererklärung illustrieren«.

Eine Kooperation zwischen KLAUS ENSIKAT und der *NFS* gab es bisher nur bei einem Buch für Erwachsene: GOETHE UNTER FRAUEN (1999), das von ECKHARD HENSCHEID geschrieben und anschließend von KLAUS ENSIKAT illustriert wurde. Es enthält auch ein fiktives Doppelportrait der beiden Künstler, die sich nie getroffen haben (SEITE 107).

MICHAEL SOWA (*1945) ist sowohl im Kinder- als auch im Erwachsenenbuch einer der bekanntesten und renommiertesten deutschen Maler und Illustratoren. Mit einem Schwerpunkt auf Cartoons ist er ständiger Mitarbeiter der *Titanic.* Einem großem Publikum wurde er als Illustrator der Bücher von AXEL HACKE oder ELKE HEIDENREICH bekannt. Er bekam 2004 den *Berliner Buchpreis* in der Kategorie Kinderbuch für sein Bilderbuch PRINZ TAMINO – MÄRCHEN UND PAPIERTHEATER NACH MOZARTS ZAUBERFLÖTE, für die von ihm gemalten Bühnenbilder der Oper in Buchform.

Vor fast zehn Jahren wurde MICHAEL SOWA gefragt, ob er einen Text von PETER HACKS bebildern würde: PIETER WELSCHKRAUT, einen der letzten Texte, die HACKS für Kinder verfasst hatte und für den er sich SOWA als Illustrator ausdrücklich wünschte. Ein Vertrag mit dem *Verlag Antje Kunstmann* wurde geschlossen und seitdem freut man sich dort auf die Fertigstellung dieses Bilderbuchs. Denn MICHAEL SOWA arbeitet zwar an den Gemälden zu dem Text, überarbeitet diese aber immer wieder, da sie nach seiner Ansicht noch nicht richtig zur Geschichte passen. Mit freundlicher Erlaubnis des *Verlags Antje Kunstmann* und des *Eulenspiegel Verlags* wird hier PIETER WELSCHKRAUT erstmals außerhalb der Werkausgabe von PETER HACKS in Buchform gedruckt (SEITE 46FF). Eine kleine Auswahl der verschieden Varianten eines Motivs von MICHAEL SOWA ist dazugestellt. Als Titel zu diesen Bildern schlägt MICHAEL SOWA vor: »Noch nicht fertig gestellte Illustration zu ›Pieter Welschkraut‹ oder ein Versuch nie fertig zu werden«. Aus einem dieser Entwürfe ist das Gemälde DIE FRAU IN DER SCHIFFFAHRT entstanden, welches diese Reihe abschließt. Auch MICHAEL SOWA wechselt seinen Stil nicht, ob er nun für ein erwachsenes Publikum oder für Kinder arbeitet.

Am Anfang des künstlerisches Schaffens von PETER HACKS entstand mit DER BÄR AUF DEM FÖRSTERBALL ein sehr lustiger Text mit einer einfachen Handlung und ansprechender Aussage. An seinem Lebensabend schrieb er dagegen mit PIETER WELSCHKRAUT eine hoch poetische Erzählung, mit einer märchenhaften dunklen Fabel. So hat PETER HACKS in seinem kinderliterarischen Werk einen ähnlichen Weg genommen wie F. K. WAECHTER. Nach dem Tod von PETER HACKS hat sich F. W. BERNSTEIN für dessen Werk eingesetzt, indem er eine CD mit Texten von ihm eingelesen hat (DER BÄR AUF DEM FÖRSTERBALL; zusammen mit WIGLAF DROSTE und RAYK WIELAND). Außerdem hat er eine Auswahl der Liebesgedichte von HACKS im *Reclam Verlag* herausgegeben. Dazu hat der ehemalige *Titanic*-Redakteur, Schriftsteller und Sänger WIGLAF DROSTE (*1961) in einer Vielzahl von Texten auf das Werk von PETER HACKS aufmerksam gemacht und 2008 zusammen mit dem SPARDOSEN-TERZETT die CD SEIT DU DABIST AUF DER WELT mit Vertonungen von HACKS' Gedichten und Liedern heraus-

Erste Hundestunde

aus: F. W. BERNSTEIN SAG MAL HUND

gebracht. Man kann also feststellen, dass einige Künstler aus dem Umfeld der *NFS* das Werk von PETER HACKS schätzen und seine Verbreitung fördern. Der ironische Spötter PETER HACKS hätte sich wohl, wie man an der gewünschten Zusammenarbeit mit MICHAEL SOWA und ROBERT GERNHARDT sieht, in diesem Kreis nicht gänzlich unwohl gefühlt.

ROBERT GERNHARDT (1937–2006) ist der bekannteste und renommierteste Künstler der *NFS*. Neben seinen Gedichten, Erzählungen, Zeichnungen, Gemälden, Essais, Hörspielen und Drehbüchern schrieb er noch einen Roman und ein Drama. Außerdem verfasste ROBERT GERNHARDT sechs Bücher für Kinder zu Gemälden seiner 1989 verstorbenen Frau ALMUT GERNHARDT (geb. Ullrich): ICH HÖRE WAS, WAS DU NICHT SIEHST (1975), MIT DIR SIND WIR VIER (1976), WAS FÜR EIN TAG (1978), EIN GUTES SCHWEIN BLEIBT NICHT ALLEIN (1980), DER WEG DURCH DIE WAND (1982), FEDER FRANZ SUCHT FEDER FRIEDA (1985, ERWEITERTE AUSGABE 1989). Nach dem Tod seiner ersten Frau schrieb GERNHARDT keine Kinderbücher mehr. Für DER WEG DURCH DIE WAND erhielt er zusammen mit ihr 1983 den *Deutschen Jugendliteraturpreis*. Es war seine erste öffentliche Auszeichnung, der noch eine gewaltige Zahl von Ehrungen folgen sollten.

Mit ROBERT GERNHARDT verlor die deutsche Literatur nach den Worten von Bundespräsident HORST KÖHLER einen ihrer Größten: »Wer sonst in der Gegenwartsliteratur hat es geschafft, alle anzusprechen, zu berühren, ja zu begeistern: von der ernsten Literaturkritik bis hin zu Schülern, die zum ersten Mal Gedichte lesen«, hieß es in einem in Berlin veröffentlichten Kondolenzschreiben an die Witwe ALMUT GEHEBE-GERNHARDT.

Der HASE hoppelt durch den Wald
Und weiß: Jetzt kommt doch Ostern bald,
Da muss ich meinen Hintern pflegen,
Den brauch ich ja zum Eierlegen.

Der IGEL kommt zur Abendstunde
Und macht im Garten seine Runde.
Dann flirtet er mit allen Schnecken,
Und lässt sie sich danach gut schmecken.

Illustration F. W. BERNSTEIN | Text HEINRICH HANNOVER aus: EIN TOLLER ZOO

F. W. BERNSTEIN (*1938) hat sich nicht nur als Dichter, Zeichner und Dramatiker hervorgetan, sondern 1981 auch DIE KINDERFINDER. REISEN IN ALTE BILDER mit den beiden Literaturwissenschaftlern und Autoren ALFRED MESSERLI und DIETER RICHTER herausgegeben. Darin werden Kinderbilder aus den Jahren um 1900 mit erklärenden Texten für Kinder abgedruckt. Das Buch erschien im *VSA-Verlag* in der Reihe DER GROSSE BÄR, eine Kinderbuchreihe, die von F. W. BERNSTEIN zusammen mit dem Juristen und Kinderbuchautoren HEINRICH HANNOVER, der Dokumentarfilmerin und Autorin HEIKE MUNDZECK und DIETER RICHTER herausgegeben wurde. In dieser Reihe erschien 1981 auch F. K. WAECHTERS Kinderbuch WER KOMMT MIT AUF DIE LOFOTEN?. Ebenfalls dort veröffentlichte F.W. BERNSTEIN 1982 SAG MAL HUND! EIN KINDERBUCH MIT 10 BILDERGESCHICHTEN UND 9 HUNDESTUNDEN. Dieser Band entstand aus Zeichnungen, die F.W. BERNSTEIN für die kleine Tochter eines Freundes und Kollegen gemacht und ihr geschenkt hatte. Der *VSA-Verlag* stellte die Reihe nach einigen weiteren Ausgaben ein und von F. W. BERNSTEIN erscheint erst nach 26 Jahren – im Herbst 2008 – wieder ein illustriertes Buch für Kinder: EIN TOLLER ZOO mit ABC-Gedichten von HEINRICH HANNOVER (*1925).

aus: HANS TRAXLER DAS ABC DER TIERE

Auch HANS TRAXLER (*1929) verfasste neben seinen Büchern für Erwachsene auch schon mehrere Kinderbücher. In seinem unverwechselbaren Cartoonstil zeichnet HANS TRAXLER Nonsens wie ES WAR EINMAL EIN MANN, ES WAR EINMAL EIN SCHWEIN und das ABC DER TIERE. Aber er erzählt auch Geschichten, wie in FÜNF HUNDE ERBEN EINE MILLION (1979), PAULA DIE LEUCHTGANS (1998) und KOMM EMIL, WIR GEHEN HEIM! (2005). Seine Kinderbücher sind international ausgesprochen erfolgreich und wurden in mehrere Sprachen übersetzt. Das von HANS TRAXLER illustrierte Buch DER MÄCHTIGE MAX erschien 1984 und ist das einzige Kinderbuch des *NFS*-Mitglieds PETER KNORR (*1939). Den sollte man übrigens nicht mit dem Kinderbuchautoren des gleichen Namens verwechseln. Seit mehreren Jahren illustriert HANS TRAXLER zahlreiche von PETER HÄRTLING besorgte Sammlungen von klassischen Autoren, etwa MOZART FÜR KINDER und HEINE FÜR KINDER (BEIDE 2008).

VOLKER KRIEGEL (1943–2003) ist vor allem als Gitarrist bekannt geworden und gilt als einer der Pioniere des deutschen Rockjazz. Er war Gründungsmitglied des *United Jazz und Rock Ensemble (UJRE)*. Nachdem er sich in späteren Jahren wegen einer Kehlkopferkrankung aus der Musikbranche und von Bühnenauftritten zurückgezogen hatte, widmete er sich erfolgreich einer zweiten Karriere als Erzähler, Übersetzer, Cartoonist und Illustrator. Er lernte in Frankfurt früh die Mitglieder der *NFS* kennen und es entwickelten sich Freundschaften, wohl auch deshalb weil KRIEGEL bei ADORNO

aus: VOLKER KRIEGEL OLAF HEBT AB / OLAF TAUCHT AB

studiert hatte. Sein Kinderbuch DER ROCK 'N' ROLL-KÖNIG von 1982 handelt von einem König, dem Rockmusik mehr am Herzen liegt als das Regieren. Dieses Buch hat Auflagen von mehreren zehntausend Exemplaren und ist bis heute im Handel lieferbar. Die Trilogie OLAF, DER ELCH (1999), OLAF HEBT AB (2000) und OLAF TAUCHT AB (2002), hat einen einäugigen Weihnachtsmann und einen Elch mit einer abgebrochenen Schaufel als Protagonisten, die zusammen Abenteuer erleben und dabei viel Spaß mit saufenden Piraten oder dauertrinkenden Bären haben. In ERWIN MIT DER TRÖTE von 2002 spielt die Musik – mit dem jazzenden Nasenbären Erwin – wieder eine Hauptrolle. KRIEGELS Cartoons erschienen regelmäßig in *Der Rabe*. Auch KRIEGEL arbeitete mit dem gleichen Stil sowohl für Kinder als auch bei Cartoons für Erwachsene. Auch andere Bücher von ihm erschienen im *Haffmans Verlag*. Da der Verleger GERD HAFFMANS die Angewohnheit hatte, sowohl bei VOLKER KRIEGEL als auch bei NIKOLAUS HEIDELBACH Titelbilder für dieselbe Ausgabe seines Literaturmagazins zu bestellen und sich jeder der beiden wunderte, wenn eine Zeichnung des Anderen auf dem Umschlag war, nahmen sie Kontakt auf, um sich absprechen zu können und auch daraus entwickelte sich Freundschaft zwischen den beiden Kollegen.

ERNST KAHL (*1949) ist der radikalste Komikproduzent und Maler aus dem Umfeld von *pardon* und *Titanic*, für die er als freier Mitarbeiter bis heute tätig ist. Seine zum Teil riesigen Gemälde können von einem abgrundtiefen schwarzen Humor sein oder andererseits heitere witzige Umsetzungen von Sprichwörtern, wie es seine Arbeiten für die Zeitschrift *Der Feinschmecker* zeigen, die vom *Art Directors Club Deutschland* 1992 ausgezeichnet wurden. Seine erste Buchveröffentlichung war die Illustration für JAKOB HARINGER (1898–1948) DAS RÄUBERMÄRCHEN in der Ausgabe von 1982, in dem sein

Und da tröstete er die armen Leute, die ihr Liebstes verloren

aus: ERNST KAHL MÄXCHEN ODER WIE EIN MAX ENTSTEHT
Illustration ERNST KAHL | Text JAKOB HARINGER aus: DAS RÄUBERMÄRCHEN

komisches und künstlerisches Können bereits voll eingesetzt hat, obwohl es sich nur um eine reine Illustrations- und Auftragsarbeit handelte. Danach illustrierte er MÄXCHEN ODER WIE EIN MAX ENTSTEHT (1982) von HENNING VENSKE (*1939), dem damaligen und letzten Chefredakteur von *pardon*. Neben vielen anderen Verdiensten ist VENSKE den Kindern dieser Jahre bekannt als ehemaliger Moderator der *Sesamstraße* (zusammen mit LILO PULVER). 1983 illustrierte ERNST KAHL (zusammen mit HANS IBELSHÄUSER) MEYERS BUCH VOM MENSCHEN UND SEINER ERDE von JAMES KRÜSS (1926–1997) und anschließend 1984 DAS KLEINE PUNK, wieder von HENNING VENSKE. Anschließend arbeitete ERNST KAHL nur noch für Erwachsene. Als Autor des Drehbuchs WIR KÖNNEN AUCH ANDERS (Regie: DETLEV BUCK) erhielt er 1993 den *Bundesfilmpreis*.

Für 2008 ist wieder ein Kinderbuch von ihm angekündigt: PAPA, ICH WILL EINEN HUND mit Illustrationen seiner Frau, der Kinderbuchzeichnerin EVA MUGGENTHALER (*1971).

RUDI HURZLMEIER (*1952) zeichnet Comicstrips und Cartoons für diverse Magazine und ist fester Mitarbeiter der *Titanic*. Er veröffentlichte bisher über 30 Bücher und tritt zunehmend auch als von der Kunstkritik hoch gelobter Maler in Erscheinung, wobei er manchmal das Pseudonym RUDIHU oder HURZLMEIER D. Ä. benutzt. Daneben illustrierte er zwei Kinderbücher, die von dem ehemaligen Chefredakteur der *Titanic* HANS ZIPPERT (*1957) geschrieben wurden: SO WIRD MAN LÖWE (2005) und die

Illustration ERNST KAHL aus: MEYERS BUCH VOM MENSCHEN UND SEINER ERDE

Illustration von RUDI HURZLMEIER aus:
WEIHNACHTSMÄNNER FRISST MAN NICHT / DER AUFSTAND DER KUSCHELTIERE

Fortsetzung WEIHNACHTSMÄNNER FRISST MAN NICHT (2006) erzählen die Abenteuer des kleinen Löwen Heribert. Dieser trägt eine Brille, isst vegetarisch, sammelt Briefmarken, hält sich gerne in der Leihbücherei auf und nimmt einen Job im Zoo an. Genau wie das von RUDI HURZLMEIER illustrierte Buch DER AUFSTAND DER KUSCHELTIERE (2007) des Berliner Autors und Verlegers KLAUS BITTERMANN (*1953) ist es nicht nur für Kinder, sondern eher für Jugendliche gemacht, die mit fortgeschrittenen Komikformen umgehen können. Denn diese Bücher sind gänzlich durchweht von einem feinen Witz und ironischem Humor. Vorbild für die Anmerkungen in DER AUFSTAND DER KUSCHELTIERE waren die Kommentare in DIE GRÜNE WOLKE. DER AUFSTAND DER KUSCHELTIERE kam im März 2008 auf die Liste *Die Besten 7 – Bücher für junge Leser* des *Deutschlandfunks.*

NIKOLAUS HEIDELBACH (*1955) ist einer der brillantesten deutschen Kinderbuchmaler und wurde bereits im Jahr 2000 für sein Gesamtwerk mit dem Sonderpreis Illustration des *Deutschen Jugendliteraturpreises* ausgezeichnet. Er hat aber bereits vorher und auch nachher zahlreiche namhafte Preise für seine Kinderbücher bekommen. Er veröffentlicht auch Bilderbücher für Erwachsene und illustrierte abgründig komisch die Trilogie WURST (2006), WEIHNACHTEN (2007) und WEIN (2008) der Autoren WIGLAF DROSTE und VINCENT KLINK (*1949), der im *Haffmans Verlag* das kulinarische Magazin *Die Rübe* herausgab.
NIKOLAUS HEIDELBACH war seit 1971 begeisterter Leser von *pardon* und vor allem von *WimS*. Daher zog es ihn auch zum *Haffmans Verlag* und so zeichnete er für das Literaturmagazin *Der Rabe* und fertigte viele Ti-

»Heriberts Vater hatte den Copiloten von der Herde abgetrennt und trieb ihn in die Enge«
Illustration RUDI HURZLMEIER | Text HANS ZIPPERT aus: SO WIRD MAN LÖWE

telbilder für diesen Verlag an. Ebenso wie F. K. WAECHTER, einer seiner inhaltlich prägenden Vorbilder, macht er keinen Unterschied zwischen Bildern für Kinder und Erwachsene. Diese Unterscheidung machen dann seine Verleger für ihn. Wie für F. K. WAECHTER haben auch für NIKOLAUS

Buchcover: STEPHAN RÜRUP // NICOLAS MAHLER

HEIDELBACHS aufgesetzte Moral und Gesinnung im Kinderbuch nichts zu suchen. Die Frage, was für Kinder zumutbar ist, hat bei ihm von Anfang an zu Diskussionen und unveröffentlichten Einzelblättern geführt. So wurde in dem Kindermagazin DER BUNTE HUND, in dem NIKOLAUS HEIDELBACH vom ersten Heft 1981 an zeichnete, der Bilderzyklus KINDER AM ABGRUND um das letzte Bild gekürzt. Auch in der späteren Sammelausgabe VORSICHT KINDER von 1987 (SEITE 42FF) blieb das für einen Videorecorder tanzende Mädchen ungedruckt.

Auch der Redakteur und Hauszeichner der *Titanic*, STEPHAN RÜRUP (*1965), veröffentlicht seit 1989 nicht nur Cartoons und Comics, sondern auch Kinderbücher wie DER HUNGERHEUER (1993) und MONSTERSONNTAG (2000). Für sein Werk erhält er auf der *Frankfurter Buchmesse* 2008 den *Sondermann-Preis für Komische Kunst*. Für *Beltz & Gelberg* illustrierte er in der Tradition von HANS TRAXLER zwei Klassikerbände für Kinder: SCHILLER IST GUT (2002) und LESSING IST GUT (2004).

Der Wiener NICOLAS MAHLER (*1969) ist seit Mitte der 1990er Jahre als Cartoonist und Comiczeichner aktiv und hat seitdem um die dreißig Bücher veröffentlicht. Seine Arbeiten mit einem dezent melancholischen Humor und stark reduziertem Strich erscheinen in diversen Tageszeitungen. Im Jahr 2006 erhielt er für den Cartoonband DAS UNBEHAGEN den *Max-und-Moritz-Preis* für den besten deutschsprachigen Comic und 2008 abermals den *Max-und-Moritz-Preis* für den besten Comicstrip FLASCHKO – DER MANN MIT DER HEIZDECKE.

Seit 2006 ist er regelmäßig in der *Titanic* vertreten und damit der jüngste hier vorgestellte Vertreter aus dem Kreis der *Titanic*.

Bisher erschienen zwei Kinderbücher von ihm, beide allerdings nur in Frankreich. Im Jahr 2000 erschien MADAME NÉNETTE ET SES DRÔLES DE CHEVEUX und 2004 LE CAUCHEMAR (DER NACHTMAHR). Dieses Bilderbuch wird am Schluss des Bandes (SEITE 109FF) in einer gekürzten Fassung das erste Mal in deutscher Sprache präsentiert, obwohl es ursprünglich auf Deutsch geschrieben und dann ins Französische übersetzt wurde.

Fazit

Zur *Neuen Frankfurter Schule* sind inzwischen zahlreiche Ausstellungen und Kataloge erstellt und mehrere literatur- und kunstwissenschaftliche Bücher geschrieben worden. Ihre Mitglieder wurden einzeln häufig geehrt, und erstmals gemeinsam als Künstlergruppe mit dem hochdotierten *Binding-Kulturpreis* der Stadt Frankfurt im Jahr 2003. Der schriftstellerische Nachlass von ROBERT GERNHARDT wird für die Zukunft katastrophensicher in den Bunkern des *Deutschen Literaturarchivs* in Marbach am Neckar aufbewahrt. Das Werk vieler Zeichner aus dem Kreis der *Neuen Frankfurter Schule* wird im *Caricatura – Museum für Komische Kunst* in Frankfurt/Main gesammelt, betreut und präsentiert. Jedoch erhielten die Mitglieder der *Neuen Frankfurter Schule* die erste öffentliche Anerkennung durch ihre Arbeiten für Kinder, sei es durch Auszeichnungen oder durch Erfolge auf dem Buchmarkt und am Theater.

Die Künstler aus dem Umfeld der *Neuen Frankfurter Schule* haben mit ihrem satirischen und komischen Werk in *pardon* und *Titanic* die Gesellschaft der Bundesrepublik Deutschland geprägt. Daneben schufen sie fern jeder Anbiederung und aus dem Bedürfnis nach Besserem Werke für Kinder, in die sie ihre ganzen künstlerischen Möglichkeiten einfließen ließen. So entstanden Bücher, die man als Klassiker unserer Zeit bezeichnen kann, einen Umbruch in der damaligen Kinderliteratur bedeuteten und die Erwachsene mit mindestens so viel Spaß und Gewinn lesen können wie Kinder.

Inzwischen hat die Generation, die mit den Kinderbüchern dieser Autoren aufwuchs ein Alter erreicht, in dem sie selbst Nachwuchs haben. Dabei können sie von der großen Kunstfertigkeit und Komik der hier gezeigten Werke immer noch profitieren und lernen.

KINDER am ABGRUND?
Beunruhigende Nachrichten aus Deutschland!!!
9 entsetzliche Beispiele des Jahres 1985 – Kindern und Eltern zur Warnung!!
Ein Beitrag unseres Deutschland-Korrespondenten N. Heidelbach
Foto: Archiv
Ewald G. (7) aus K. am Abgrund!

Jedes Mal, wenn er seine Oma besucht, quält Ferdinand Lattner ihren Vogel mit immer neuen Gemeinheiten!! Noch lebt das Tier.

Martina Schlebusch hat sich in ihrem Zimmer eingeschlossen und bewirft aus dem Fenster Leute mit Farbbeuteln. Angeblich, „damit sie lustiger aussehen."

Seit 14 Tagen schickt Albrecht Fafner, anstatt selbst zu gehen, seinen Affen zur Schule. Bis jetzt ist es gut gegangen...

Trotz des Geschenks, das Alfons Funkel von seinem Vater bekommt, wenn er ihn einmal pro Monat besuchen darf, erschreckt er ihn immer wieder zu Tode – und seine Mutter hält sich raus!

Über 2 Stunden randalierte Ingrid Laumen, verkleidet als „Krawallschachtel", in der Innenstadt von Sürth!
Ihr Vater: „Ich bin machtlos..."

Zum 3. Mal hat Marie-Luise Leicht gepatzt, als sie in Berlin einem Präsidenten Blumen überreichen sollte. – Absichtlich!
4 ahre deu
ßkuchen!

Obwohl seine Mutter es verboten hatte, fütterte Günther Chmielarzc seine Schlange heimlich mit Haushaltsreiniger!!

Horst-Rüdiger Bell hat sich im Mai eine Strahlenwaffe gebaut, mit der er auf dem Hof andere Kinder bedroht. „Nur zur Verteidigung." sagt er, und läßt niemand an sich ran!
Obacht!
HRB-Strahlen
Kein Schritt weiter

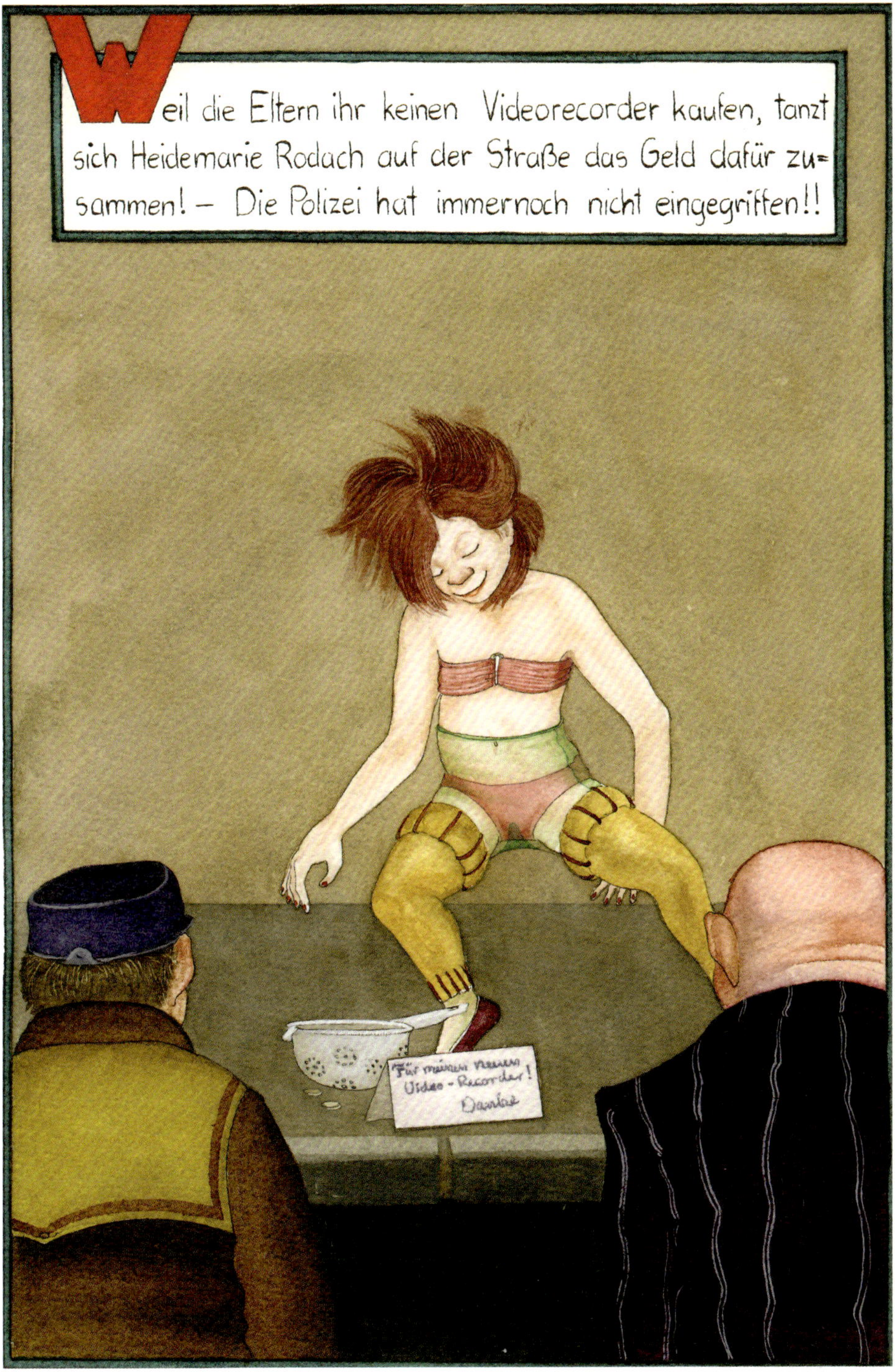
Weil die Eltern ihr keinen Videorecorder kaufen, tanzt sich Heidemarie Rodach auf der Straße das Geld dafür zu=sammen! – Die Polizei hat immernoch nicht eingegriffen!!
Für meinen neuen Video-Recorder! Danke

PETER HACKS

Pieter Welschkraut

I Ein alter Gärtner war noch nicht lange hundert geworden, da fand er auf einem Beet seiner kleinen Gärtnerei in einem Kohlkopf ein dickes Kind liegen. Das Neugeborene hatte rundliche Gliedmaßen und ein rotes Gesicht, es blickte aus den gekräuselten Blättern hervor wie aus Rüschenkissen.
»Wie soll ich dich nennen?« fragte der alte Mann. »Von mir bist du nicht, hierfür bin ich zu betagt«.
»Nennen Sie mich nach der Mutter«, sagte das dicke Kind.
So wurde der Knabe Pieter Welschkraut genannt.
Nachdem er seinen Namen erhalten hatte, gab er bekannt: »Morgen will ich die Schule besuchen«.

II Am nächsten Tag also besuchte Pieter Welschkraut die Schule.
Die Schule war ein Haus aus gelben Backsteinen und mit einem hohen Dach. Pieter Welschkraut nahm einen Anlauf und sprang mit einem Satz über das Schulhaus.
»Andere Kinder überspringen eine oder höchstens zwei Klassen, aber dieses Kind überspringt gleich die ganze Schule«, sagte der Schuldirektor und händigte ihm das Zeugnis der Reife aus.
Zu diesem Zeitpunkt war Pieter Welschkraut zwei Tage alt.

III Mit drei Tagen war Pieter Welschkraut zu einem jungen Riesen herangewachsen und dachte ans Heiraten. Aber alle Fräuleins, denen er begegnete, kamen ihm irgendwie schmächtig vor, und er hatte Lust zu keiner.
»Hinter der Gärtnerei«, sagte sein Pflegevater, »gibt es ein Sumpfland, dort solltest du suchen«.
»In der Sauquebbe?« fragte Pieter.
»Ja«, sagte der alte Gärtner. »Der Mond scheint voll, die Nacht ist eben günstig«.
Pieter Welschkraut tat, wie ihm geraten war. Er erreicht eine moorige Stelle. Drei Wildschweine brachen aus dem Unterholz. Sie umkreisten drei Mal die Pfütze, dann warfen sie ihr borstiges Fell von sich und verwandelten sich in drei stämmige Jungfrauen. Die schritten in die Pfütze und suhlten sich unter dem Vollmond. Pieter Welschkraut nahm eins von den Saufellen beiseite und klatschte in die Hände.
Zwei Jungfrauen zogen hastig ihre Haut wieder an und gingen im Galopp ab. Die dritte fand ihr Fell nicht. Sie blieb stehen und sah auf Pieter Welschkraut.

MICHAEL SOWA ZUR ZEIT NOCH NICHT FERTIG GESTELLTE ILLUSTRATIONEN ZU PIETER WELSCHKRAUT oder EIN VERSUCH NIE FERTIG ZU WERDEN (Auswahl)

MICHAEL SOWA DIE FRAU IN DER SCHIFFFAHRT

Eine Träne quoll unter ihrer Wimper hervor.
»Willst du mich heiraten?« fragte Pieter.
»Gern«, erwiderte die Wildschweinjungfrau; »denn ich muß ja«.

IV »Ich will dich meinem Vater vorzeigen«, sagte Pieter Welschkraut am anderen Morgen zu seiner jungen Frau. Sie gingen mitsammen zur Gärtnerei.
Was sie dort vorfanden, war fürchterlich.
Der gute Greis kauerte mit blutigem Kinn auf dem Komposthaufen. Alle Blumen waren auf eine kränkliche Weise schwarz geworden, das Glashaus stand in Scherben.
»Ich hatte einen schlechten Vormittag«, erklärte Pieters Pflegevater. »Zuerst sprang ein roter Hund über den Zaun und pinkelte auf meine Rabatten. Dann stürzte eine Sternschnuppe vom Himmel und zerschlug die Gewächshausscheiben, und soweit ich erkenne, sind alle Palmen erfroren. Zuletzt kamen die zwölf Söhnen meines Nachbarn, die haben mich am Bart gezogen.«
»Das Schicksal«, sagte der Lehrling, der zugegen war, »mir scheint, es meint es zurzeit übel mit uns Menschen«.
»Ich rede mit ihm«, sagte Pieter. »Wo wohnt es?«

V Sie fanden die Anschrift des Schicksals unter der Zeile »Bürgerdienst«, hinten in den gelben Seiten. Es war aufgeführt zwischen »Schicklichkeitsaufsicht« und »Schiffahrtsamt«.
Pieter Welschkraut gelangte zu einem ansehnlichen Gebäude.
Ein Pförtner sagte ihm die Zimmernummer. Nachdem er ein paar Treppen und nicht wenige Flure zurückgelegt hatte, fand er die rechte Tür.
Das Schicksal war ein trockenes Männchen mit blöden Augen. Es saß am Schreibtisch, ein Buch vor sich.
»Es handelt sich um eine Beschwerde«, sagte Pieter.
»Ihr Name?« fragte das Schicksal.
»Pieter Welschkraut«, sagte Pieter.
Das Schicksal blättert in seinem Buch. »Schlagen wir nach«, sagte es, »was für Sie vorgesehen ist«.
»Ich will nicht wissen, was vorgesehen ist«, sagte Pieter. »Ich will das Schicksal selber in die Hand nehmen«.
Pieter Welschkraut nahm das Schicksal in die Hand.
Oben sah der Kopf heraus und zeterte, unten die strampelnden Beinchen. Pieter Welschkraut drückte zu und warf das Schicksal in die Ecke. Da lag es ohnmächtig und rührte sich nicht mehr.
Pieter Welschkraut stand in seinem fünften Lebenstag, als sich das begab.
Als er das Gebäude verließ, waren viele Fußgänger im Begriff, ihre Regenschirme zuzuklappen. Das Wetter fing bereits an, besser zu werden.

F. K. WAECHTER

Wollt ihr Kunst machen oder was für Kinder?

Noch nie ist, denke ich, soviel Schrott auf Kinder gekippt worden wie heutzutage. Ich meine damit vor allem die Produkte, in denen Erwachsene Menschen sich auf ein eingebildetes oder bereits bewährtes Kinderniveau herunterschrauben. Das mag ja auch in Ordnung sein, wenn 's darum geht, den Kindern unsere komplizierten gesellschaftlichen Spielregeln über- und durchschaubarer zu machen. Aber wenn es um Leben und Tod geht, um Liebe, Hass, Eifersucht, Lügen, List, Hoffnung, Sehnsucht, Wünsche und so weiter, da wissen diese kurzen Menschen doch verdammt gut Bescheid. Da könnten wir doch eher manches wieder lernen. Weil sich aber Kinder offenbar gerne mit solchem Schrott bekippen lassen, in dem alles neckisch, lustig, trallala, zugeht, scheint diese Frage, ob Kunst für Kinder, so schrecklich normal, dass ich mich manchmal wie von einem anderen Stern fühle, wenn ich keinen Unterschied machen will zwischen Erwachsenen und Kindern, wenn ich Kinder ernst nehmen will und mich, weil meine Erinnerung ans Kindsein und meine Erfahrung mit Kindern mich lehrt, dass Spielen, wie es Kinder tun, dem Tun des Künstlers zum Verwechseln ähnelt.

Ich denke, sobald Erwachsene im Namen von Kindern reden, lügen sie zwangsläufig. Vielleicht wollen sie die Verzauberung, die sie durch die Weihnachtsmärchen ihrer Kindheit erfahren haben, nun auch ihren Kindern zuteil werden lassen und begreifen nicht, dass das nicht geht, dass das lediglich dem sentimentalen Verhältnis zu ihrer eigenen Kindheit entspringt und dass wahrscheinlich die Wirkung eines unverfälschten Märchens auf Kinder heute viel größer sein könnte, als die eines süßlich aufgemotzten Weihnachtsmärchens auf die Eltern damals, wenn Kinder heute nicht viel zu viel Zeit damit verbrächten, sich von den täglichen »Weihnachtsmärchen« aus dem Fernsehen überschütten zu lassen, statt zu spielen.

Bisher waren es Kinder bis zu sechs Jahren, die Bilder malten und Spiele spielten, die jeden Künstler entzücken und mit Neid erfüllen konnten. Dann erst kommt die Schule und macht sie blass, und aus den Bildern verschwinden Vater, Mutter, Krokodile und Gefühle, und übrig bleiben Blumenbildchen. Fernsehen, Video- und Tonkassetten machen solch blasse Blumenkinder aus immer jüngeren. Bald bleiben uns nur noch die allerkleinsten, die uns zeigen können, wie es geht. Damit den bornierten Erwachsenen ein Licht aufgeht, was Kunst ist, und wie viel mühsamer ihr Weg dorthin ist als der der Kinder, will ich einige Erfahrungen mit Kindern beschreiben.

Als mein Sohn Robert seine ersten vier Worte konnte, hat er die unterschiedlich heruntergebrannten Adventskerzen der Länge nach Papa, Mama, Eia (das war sein älterer Bruder Moritz) und Data (das war er selbst) genannt. Ist das keine Äußerung, die Kunst genannt werden könnte?

Vor Jahren habe ich mich Kindern bei Veranstaltungen als zeichnender Roboter angeboten, anstatt ihnen vorzulesen, um auf diese Weise zu Geschichten zu kommen, die spannender sind als die meisten, weil es ihre Geschichten sind. Im Rahmen der Internationalen Kinderbuchausstellung in Duisburg wurden Kinder, zum Großteil Jugendliche, aus einer Diskothek getrommelt, und sie latschten in den mit Tapetenrollen beklebten Raum, in dem ich saß und auf sie wartete. Ihr Wortführer: »Du bist der Dichter? Dann dicht uns mal was.« Ich hielt meinen dicken Filzstift hoch und sagte: »Ich dichte nicht, ich denke nicht, ich zeichne nur: Denken und dichten müsst ihr. Ihr müsst sagen, wie der Held eurer Geschichte aussieht.« Die Haltung der Jugendlichen war klar. Die wollten mich knacken, mich schnell zum Aufgeben bringen, damit sie weitertanzen konnten. »Unser Held soll ein Monster sein mit zwei Köpfen, vier Armen und vier Beinen. Und nackt.« Ich zeichnete den Helden blitzschnell hin. Ohne Geschlechtsteil. »Wenn was fehlt, sagt's mir.« Ihr Wortführer: »Ne, ne, is o. k.« Es wurde noch ein weibliches Monster hinzugedichtet, auch mit zwei Köpfen, vier Armen und vier Beinen.

Die beiden Monster gingen tanzen, und ein buckliger Klavierspieler machte die Musik dazu und spielte so wild und brachte die beiden Monster so in Fahrt, dass alle drei von einem Kronleuchter erschlagen und als ein Klumpen Fleisch ins Hospital eingeliefert wurden. Die Ärzte operierten, und alle Jugendlichen operierten mit, indem sie mit farbigen Filzstiften Blutbahnen, Fleisch und Menschenteile malten. Am Ende humpelten Mann und Frau mit je einem Kopf, einem Arm und einem Bein auf den Krücken aus dem Hospital und heirateten.

Die Geschichten, die an Wochentagen in Vororten von Duisburg ohne Anwesenheit von weiteren Erwachsener entstanden, waren fast alle so grausam, so erotisch, so traurig, so böse und so dreist, dass kein Kinderbuchautor sie hätte schreiben dürfen, ohne von Erwachsenen aufs heftigste kritisiert und beschimpft zu werden.

An Sonntagen waren Eltern dabei, als ich Roboter spielte und zeichnete. Sie waren gerührt und amüsiert über ihre originellen kreativen Kleinen und merkten nicht, wie sehr sie schon den Erwachsenenvorstellungen von munteren lustigen Kindern entsprachen, wie angepasst sie schon im zarten Alter waren. Ihre Helden waren Zebras mit Giraffenköpfen oder ähnliches. Das war deutlich harmloser, alberner, langweiliger. Da brachen sich weniger Gefühle Bahn.

Bei einer Kinderveranstaltung in Wien kamen Lehrer mit zwei Schulklassen. Das ging auch recht sonntäglich los. Der Held war ein Chinese, der ging spazieren, bis er einen Löwen traf, der seine Kleider fraß und auch die Kleider einer Chinesin, die des Weges kam. »Wie sieht die Chinesin aus ohne Kleid?« »Sie hat einen gepünktelten BH an.« Ein Kind schnipste wie wild mit den Fingern. »Ich weiß was besseres!« »Ja?« »Keinen gepünktelten BH!« Unglaublich, wie das Interesse an der Chinesengeschichte wuchs. Auch hier zeichnete ich die Nackten nur in Umrissen, ohne die entscheidenden Details. Ein sehr adrett gekleidetes Mädchen schob sich in der ersten Reihe immer weiter vor und flüsterte immer lauter zu mir: »Biiiette, das Gliiied, biiiette, das Gliiied.« Ich warf ihr einen Stift zu, und sie zeichnete liebevoll, was fehlte. Am Ende der Geschichte waren Chinese und Chinesin nackt und einsam in der Landschaft, so dass (angesichts der Lehrer?) alle chinesischen Verwandten plötzlich den Kopf über den Horizont strecken mussten, und unsern beiden blieb nur noch die Scham.

Am Nachmittag hörte ich eine Radiosendung über die Kinderveranstaltung, in der Hörer übers Telefon Meinungen beisteuern konnten. Eine Frau beschwerte sich darüber, dass ausländische Schriftsteller österreichische Kinder verderben würden.

Was will ich sagen mit diesen Geschichten? Um's kurz zu machen, das: Ich will nicht Kinder auf Kosten der Erwachsenen verherrlichen, das wäre dumm. Es gibt genügend Formen (Parodie und Parabel), Haltungen (Ironie und Zynismus) und Themen (Atomphysik und Kriminalstatistik), die ich schätze, für Kinder aber als gänzlich ungeeignet halte. Ich will nur einmal gegen diesen Wall von Arroganz und Geringschätzung an, den jeder, der für Kinder arbeitet, kennt.

Das einzige, was mir Spaß macht, ist Kunst zu machen über angepasste graue langweilige Köpfe hinweg. Und wenn du fragst: »Was hast du da für einen Kunstbegriff?« – »kunst mir den Buckel runterrutschen.«

BERND EILERT

DIE KRONENKLAUER
– und wie sie wurden, was sie sind
Eine Erinnerung

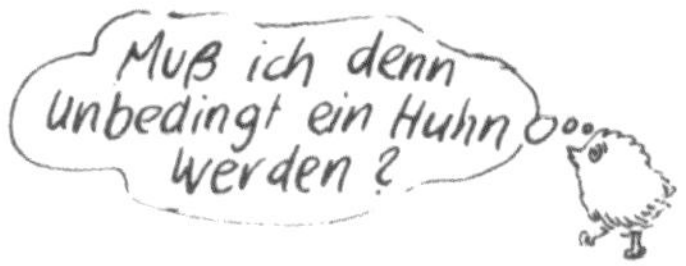

Anfang der 70er Jahre war das Gerücht aufgekommen, dass man als deutscher Rentner auf der Insel Mallorca unter gichtfernen Verhältnissen praktisch umsonst überwintern könne. Gestreut hatten dieses Gerücht Reiseveranstalter offenbar in der Hoffnung, auf diese Weise ihre Vertragshotels damit auch außerhalb der Saison zu füllen – mit deutschen Rentnern, versteht sich. Da jedoch dieses Angebot nicht ausdrücklich auf Rentner beschränkt war, fassten drei rüstige Deutsche, die gemeinsam gerade das Rentenalter erreicht hätten – wenn man die Jahre zusammenrechnete, die sie einzeln zählten – den Entschluss, dies Billigangebot beherzt zu nutzen. Sie landeten Anfang Februar auf dem Flughafen von Palma, bezogen nach kurzer Busfahrt das vorgesehene Hotel am Strand von El Arenal, und verteilten sich auf die beiden Doppelzimmer, die sie für vier Wochen gebucht hatten.

Im Gepäck hatten zwei von ihnen den Plan und die Entwürfe für ein Kinderbuch, das damals schon den Titel DIE KRONENKLAUER tragen sollte. FRIEDRICH KARL WAECHTER hatte die Idee, eine politische Parabel ins Reich der Fabel zu übertragen: Die drei kindlichen Helden stürzen mit Hilfe tierischer Verbündeter das diktatorische Regime eines fetten Schweins und führen nach einer kurzen Phase der Sophokratie im platonischen Sinne endlich die Demokratie ein.

Dass diese Lösung dem antiautoritären Geist der Zeit entgegenkam, war natürlich kein Zufall. Dass dieser Geist auch die Form des Buchs bestimmen sollte, machte seine Besonderheit aus und trug nicht unwesentlich zu seiner Haltbarkeit bei. Immer wieder wird der Leser aufgefordert, selbst zur Geschichte beizutragen, Varianten auszuprobieren und mit Stift und Schere gestaltend mitzuwirken. Selbst die Tatsache, dass WAECHTER sich zur Ausführung seiner Idee noch einen Autor dazu nahm, mit dem er seine Ansätze weiterentwickelte, entsprach diesem Zeitgeist. Dass seine Wahl auf mich fiel, der ich bis dahin noch keine längere Geschichte veröffentlicht hatte, schien ungewöhnlich risikofreudig, überraschte mich aber eigentlich nicht: Wir kannten einander zwar noch nicht allzu lange, mochten uns aber von Anfang an. Und sein Vertrauen bestärkte mein Selbstvertrauen, an dem es mir übrigens außer beim Geräteturnen nie gefehlt hat.

Ich weiß, wie rasch solche gutgemeinten Mitmachangebote wie DIE KRONENKLAUER furchtbar peinlich werden können. Um so wichtiger, dass sie gut gemacht sind.

WAECHTER wusste das auch, Instinkt und Stilgefühl haben, hoffe ich, so gut wie jede anbiedernde Wirkung verhindert und selbst die Plattheit der Parabel elegant überspielt. Bestimmt trug dazu bei, dass wir als Vorbilder für die Helden zwei der WAECHTER-Söhne und die Tochter unseres Freundes FRITZ WEIGLE im Kopf hatten. Außerdem war der Geist jener Zeit nicht bloß im politischen Sinne antiautoritär, er war in jeder Beziehung subversiv und hatte sich vor allem komischer Mittel zu bedienen – zumindest unter uns herrschte darüber Einverständnis.

Doch zurück nach Mallorca: Kann man sich etwas Grauenvolleres vorstellen als einen dieser grauen Betonkästen gefüllt mit grauhaarigen Neckermännern unter dem grauen Februarhimmel von Arenal, drei gräuliche Mahlzeiten am Tag inklusive?

Kann man bestimmt, doch es war gewiss auch der Geist dieses Ortes, der das Zeichnen und Schreiben leicht von der Hand gehen ließ und zum Gelingen des Ganzen einfach durch seinen beinah demutsvollen Reizverzicht beitrug: Was sollte man denn vier Wochen lang anderes machen als arbeiten?

Oh, es gab Möglichkeiten – und schon dafür hatten wir unseren dritten Mann dabei: der spätere Filmemacher AREND AGTHE war hauptsächlich mitgekommen, um uns von der Arbeit abzuhalten und daran arbeitete er ganztägig. Frühmorgens schon ließ er bisweilen Pesetenscheine im Gegenwert von ein bis zwei D-Mark auf der Wasseroberfläche des Swimming-Pools schwimmen, und wir beobachteten dann vom Fenster aus, welcher Rentner sich traute, sie herauszufischen. Er machte düstere Billardkneipen ausfindig, organisierte Strandspiele im eiskalten Sand und Fußballmatches in einem aufgelassenen Steinbruch gegen das bärenstarke Hotelpersonal, er las den Kindern im Hotel aus Märchenbüchern vor und inspirierte uns zu abenteuerlichen Fotoromanen und einer Bootstour, die nach dem Bruch eines Ruders auf militärischem Sperrgebiet endete. Er sorgte indirekt sogar dafür, dass ein deutscher Werbefotograf, der auf der Insel für eine *Sinalco-Cola*-Kampagne eine bunte Gummipuppe von einem Felsen fliegen lassen wollte und dafür noch passende Statisten brauchte, eines Morgens in unserem Hotelzimmer stand: Ausfindig gemacht hatte er uns, ohne unser Hotel zu kennen, indem er auf der Insel wahllos nach den »drei deutschen Hippies« gefragt hatte.

Eine erste Ahnung von den Freuden und Leiden des Prominentseins ließ mich erschauern – zum Glück wurde ich nie viel berühmter oder gar berüchtigter als damals, als wir auf Mallorca DIE KRONENKLAUER fertigmachten.

Illustration von F.K.WAECHTER aus: DIE KRONENKLAUER

HANS-JOACHIM GELBERG

So fing alles einmal an! – Erinnerung an F. K. Waechter

Nachts träume ich Bücher. Das sind meine Traumbücher. Befragt nach den »wirklichen« Büchern, nach meiner Zusammenarbeit mit F. K. WAECHTER, nach seinen Kinderbüchern, da möchte ich zunächst unser »Zeitgefühl« erinnern, damals in den 70er Jahren des vergangenen Jahrhunderts. WAECHTERS Kinderbücher haben viel damit zu tun. Die Kinderliteratur dieser 70er Jahre entwickelte neue Formen der Unterhaltung, auch neue Formen der Poetik. Daran war F. K. WAECHTER beteiligt. Und es wurde lebhaft argumentiert: Will man etwas verändern in der Welt, muss man bei den Kindern anfangen, man muss sie ernst nehmen. Und verändern wollte man auf jeden Fall. Da war doch eine Sehnsucht nach einer besseren Welt, eine Hoffnung, eine Utopie, ein neues Bewusstsein und eine nun endlich soziale Fantasie, die sich vorstellen konnte, wie es dem anderen ergeht. Kinderalltag und Kindertagesläufe spielten dabei eine Rolle. Es ging um die »Wirklichkeit der Kinder«, wie sie PETER HÄRTLING in einer Rede anmahnte. Autoritäten, also Eltern und Lehrer, Erwachsene halt, wurden auf einmal auch für Kinder kritisierbar. Ein Tabubruch für die Kinderliteratur! Ein mittelmäßiges Kinderbuch jener Zeit mit dem Titel ALS DIE KINDER DIE MACHT ERGRIFFEN erregte Ärgernis. Mehr noch: Die schönen alten Märchen der BRÜDER GRIMM kamen wegen ihrer Grausamkeit und hierarchischen Struktur auf den Prüfstand der sogenannten Anti-Märchen, deren schönste JANOSCH erzählt.

KLAUS DODERER, Gründer und erster Leiter des Instituts für Jugendbuchforschung an der Universität Frankfurt a. M., fasst dies alles wie folgt zusammen: »Ausgelöst und beschleunigt durch die innerhalb der Kinderladenbewegung geführten Diskussionen zur Theorie der antiautoritären Erziehung und deren Umsetzung in die Praxis, beginnt von 1970 an eine so stürmische und tiefgreifende Veränderung im Bereich der Kinderliteratur, des Kinderlieds und des Kindertheaters, dass man heute im Rückblick auf die Jahre 1970 bis 1973 von einer einschneidenden Zäsur in der Kinderkultur spricht. Sie lässt sich exemplarisch ablesen an einer Neufassung des deutschen Bilderbuch-Klassikers, dem STRUWWELPETER von HEINRICH HOFFMANN.« – Der ANTI-STRUWWELPETER von F. K. WAECHTER erschien 1970 und war ein Schock für die bürgerliche Kinderbuch-Gesellschaft.

Anfang 1971 begründete ich beim pädagogischen Verlag *BELTZ* in Weinheim mein Programm *Beltz & Gelberg*, das in den folgenden Jahren zum Dreh- und Angelpunkt der neuen Kinderliteratur wurde. Damals schwebte über allem DIE GRÜNE WOLKE von A. S. NEILL, übrigens mit Zeichnungen von F. K. WAECHTER. Und zwei Jahre später, 1972, erschien ein aufregendes Buch, das mich förmlich vom Stuhl riss. (Ich saß aber in einem Zug.) So fängt das Buch an und hört eigentlich nie auf: »Da müssen erst drei Kinder aus dem Wald treten und über die Wiese laufen; einmal sollten sie bitte noch stehen bleiben, damit jedes einen Namen bekommen kann: Moritz, Johanna, Robert! Und dann kann die Geschichte schon losgehen.« So beginnen DIE KRONENKLAUER von F. K. WAECHTER und BERND EILERT. – Ein Feuerwerk origineller Einfälle, erzählt und gezeichnet, verbunden mit etlichen Tabu-Entlarvungsriten, Spiel- und Mitmachlust in einem. Und immer wieder die Zeichnungen! Für mich sind DIE KRONENKLAUER längst ein Klassiker wie ALICE IM WUNDERLAND. Nun gab es für mich kein Halten mehr, ich wollte unbedingt diesen F. K. WAECHTER kennenlernen. Vielleicht könnte man was zusammen machen?

Dieses Jahr 1972 wurde mir in mehrfacher Beziehung bedeutungsvoll: Die sogenannte antiautoritäre Kinderliteratur brachte Schwung mit neuen Formen. Mein erstes Jahrbuch GEH UND SPIEL MIT DEM RIESEN bekam den Deutschen Jugendliteraturpreis und wurde ein Riesenerfolg. Und es »köchelte« schon mein zweites Jahrbuch AM MONTAG FÄNGT DIE WOCHE AN: Geschichten-Bilder-Texte-Szenen-Comics-Rätsel-Spiele-Nachrichten-Gedichte, so der lange Untertitel. Ideen und Anregungen lagen sozusagen in der Luft. Und ich lernte nun F. K. WAECHTER kennen, der in der Folge zu einem der wirklich schöpferischen Autoren der Kinderliteratur wurde und eigentlich schon damals darüber hinaus zielte. Zunächst schrieb er mir handschriftlich für das Jahrbuch einen kleinen Text – in Spiegelschrift gedruckt, wirkt er auch nach 36 Jahren noch recht gebrauchsfertig, wenn man ihn vor den Spiegel hält:

Hast du dich schon mal gesehn
aufrecht vor dem Spiegel stehn
und ein Jahrbuch in der Hand?
Über seinen obren Rand
schaut ein kleines Nasentier.
Grüß es doch von mir.

Ich plante eine REIHE BILDERBUCH für nur fünf Mark. Um die Reprokosten zu sparen, animierte ich die Künstler, die zweite und dritte Farbe selbst auf die Folie zu pinseln – erst der Zusammendruck ergab dann den originalen Vierfarbendruck. Auch FRITZ WAECHTER kam nach Weinheim, um die Farbauszüge selbst zu machen. Wir planten ein Bilderbuch mit Rollenspielen, aus dem dann sein bekanntes BRÜLLE ICH ZUM FENSTER raus wurde. WAECHTER brach im Übrigen schon nach dem ersten Andruck seinen Versuch ab. Hatte ihn zuvor der technische Vorgang gereizt, blieben doch die Ergebnisse hinter seinen und meinen Erwartungen zurück. Und da waren mir die Reprokosten egal, so begeistert war ich von den Zeichnungen, die nun entstanden: Strichzeichnungen, zarte Linien und teils fein koloriert. Kleine Meisterwerke zum spielerischen Zweck!

Es gibt nur wenige Autoren, die beim Entstehen ihrer Bücher Kinderbeteiligung zulassen bzw. suchen. WAECHTER war so einer. Der eigentliche Antrieb, Kinderbücher zu machen, waren gewiss seine eigenen Kinder und damit auch das Zusammenspiel mit anderen Kindern. Er beschreibt es so: »Seit Anfang 1972 probieren wir einmal in der Woche in einem Kinderladen Rollenspiele mit vier- bis fünfjährigen Kindern. Wir begannen mit Liedern. »Zwischen Berg und tiefem Tal« war das erste Lied, das wir sangen und mitspielten. Wir brauchten Lieder mit vielen verschiedenen Rollen. Wir machten sie uns schließlich selbst, oft nach bestehenden Melodien. Eines der ersten war BRÜLLE ICH ZUM FENSTER RAUS – nach der alten Melodie vom BUCKLIGEN MÄNNLEIN.

Brülle ich zum Fenster raus,
klingt es stolz und herrlich,
laufen alle schnell davon –
bin ich so gefährlich?

Hinzu kamen Fotos mit Spielsituationen. (Im Gegensatz zu gezeichneten Bildern altern solche Szenenfotos unheimlich schnell.) Auf diesen Fotos sieht man den jungen FRITZ mit Kindern in Aktion, darunter auch sein Sohn PHILIP, der heute ein erfolgreicher Zeichner ist und mittlerweile selbst Geschichten schreibt. Genau diesen Rat hatte ich FRITZ WAECHTER und natürlich auch anderen Künstlern gegeben: Schreib die Texte selber, illustriere dich selbst! So werden die Geschichten anders, wesentlicher. So ergänzen sich Sprache und Bilder aufs Beste.

Auf meine Frage, welches Buch ihn in seiner Kindheit besonders beeindruckt hat (diese Frage richtete ich damals an verschiedene Autoren), schreibt WAECHTER: »Ich habe sehr intensive Erinnerungen an NILS HOLGERSSONS WUNDERBARE REISE MIT DEN WILDGÄNSEN von SELMA LAGERLÖF, ein Buch, das ich vor kurzem wieder zu lesen anfing und schnell wieder weglegte, weil mir die Moral unangenehm aufstieß. Was hängengeblieben war, waren die Abenteuer.« (1974)

Und wie erinnern sich heute Erwachsene, die als Kind mit Bildern von F. K. WAECHTER umgingen? Zum Beispiel die WANDGESCHICHTEN (1974) – sie waren damals äußerst beliebt und wurden begeistert benutzt: Kunst an der Wand, eben »Wandgeschichten«. Für meine Reihe Bilderbuch suchte ich für große Poster nach einer kostengünstigen Vertriebsform – gefaltet und eingetütet bekamen sie zunächst Buchformat. So kam es zu den drei Waechterschen Wandgeschichten, jede für sich eine Welt:

* Seeräuber, Löwe, Indianer, Bär und Trapper präsentieren sich in Erwartung des Fotos durch den kleinen Jungen vorn: »Bitte recht feindlich«. Dazu die Landschaft mit abenteuerlichen Fundstücken.
* »Ein Streichholz für Hugo«, ein Poster mit Zutaten, die man malen, kleben oder nageln muss, damit daraus eine Geschichte werden kann.
* Für »Der König der Eichhörnchen wechselt den Baum« hat WAECHTER köstliche Cartoons zusammengeführt: ein Poster zum Ausmalen, mit unzähligen Pointen und wohl einstündiger Lesezeit (aufgrund der Sprechblasen).

DIE WANDGESCHICHTEN bekamen auf der Kinderbuchmesse in Bologna den *Großen Grafik-Preis 1975.*

F. K. WAECHTER sprach grundsätzlich nicht viel. Dafür waren seine Zeichnungen voll Sprache. Einmal, auf einer Veranstaltung für Buchhändler, saßen wir zu einem Werkgespräch vor Publikum, und mein lieber FRITZ verstummte auf einmal, sagte sozusagen nichts mehr. Und ich redete, zunehmend verunsichert, allein weiter. Später habe ich mich daran gewöhnt.

OPA HUCKES MITMACH-KABINETT (1976) war für Erwachsene, die dieses Buch für ihre Kinder kauften, etwas Ungewohntes, ja nahezu Empörendes. Dieses Buch war ein Novum. Als Klappentext erklärt WAECHTER handschriftlich: »Dies Buch ist voller Geschichten und Bilder. Doch es wird noch viel voller und schöner, wenn es erst ein Kind (oder 2 oder 3 oder 4) in die Finger kriegt: Dann wird ein gebissener Löwe seine Wunden lecken können, ein Tropfen Öl wird die Sonne scheinen lassen und ein verrückter Jäger die Sterne; jeder wird sehen können, wie Geschichten weiter und Märchen zuende gehen. (…)« Und dann, nach der Titelseite mit Krokodil und Opa Hucke auf der Titelseite, fügt er per Sprechblasen einen Einführungsdialog hinzu. Darin sieht sich Opa Hucke der Kritik eines gewissen Herrn Kneisel ausgesetzt: »Hör mal zu, mein Lieber, in einem Buch darf nicht gemalt, geklebt, geschrieben, gefaltet und geschnitten werden / Und ein Fettfleck in einem Buch ist ein Graus« Opa Hucke: »Aber dies ist ein Buch, in dem soll gemalt, geklebt, geschrieben, gefaltet und geschnitten werden / Und sogar ein Fettfleck soll hinein« Herr Kneisel: »Aber warum?« Opa Hucke: »Damit es noch schöner wird« Herr Kneisel: »Das versteh' ich nicht«.

Opa Hucke als Unterstützer der Kinder wurde so eine Art Lieblingsfigur, und das Buch selbst erlebte viele Auflagen. Auch hier sind WAECHTERS mitspielende Zeichnungen die Hauptsache. Ebenso in seinem nachfolgenden Buch SPIELE (1979). Doch längst war er zeichnerisch woanders und entfernte sich sozusagen aus der Spielwelt. Vorsichtig in seinem Bilderbuch WIR KÖNNEN NOCH VIEL ZUSAMMEN MACHEN (1973). Als ich aber sein Bilderbuch DIE REISE (1980) sah, ging ich vor Bewunderung buchstäblich in die Knie: Die Bilder wirken rätselhaft schön, die Fabel fast kafkaesk, jedenfalls große Zeichenkunst, weitab vom Kinderbuch und doch unmittelbar nah.

Als ich 1981 das Magazin *Der Bunte Hund* (»für Kinder in den besten Jahren«), startete, half mir FRITZ WAECHTER mit Erzählbildern, die er auffordernd untertitelte: »Unter der Brücke saß mein Vater.« Oder: »Da entdeckten sie mein Geheimnis.« Kinder schrieben dazu bewegende Geschichten. Diese neun Erzählbilder von F. K. WAECHTER legte ich einige Jahre später CHRISTINE NÖSTLINGER vor, und sie schrieb, den Bildern folgend, den Märchenroman einer verlorenen Kindheit: DER GEFRORENE PRINZ (1990).

Der Buchautor F. K. WAECHTER mochte sich nicht wiederholen, was sich ja im Erfolgsfall, verlegerisch gesehen, anbietet. Routine langweilte ihn. Jedes Buch sollte möglichst anders sein und einer eigenen Idee folgen. (DIE FÜHLMÄUSE, die seine»schönsten« Spielbilder wiederholen, habe ich ihm sozusagen abgerungen.) Und mehr und mehr entfernte er sich vom Kinderbuch. Ihn ärgerte zunehmend die Pädagogisierung dieser Literatur. Schon frühzeitig erkannte er: »Allmählich habe ich heraus, daß das beste für Kinder entsteht, wenn ich das Zielpublikum Kinder vergesse und nur mache, was mir gefällt.« Er selbst war gewissermaßen das Kind, wofür es lohnte zu arbeiten. Viele Jahre später, Ende der 90er Jahre, wandte er sich wieder der Kinderliteratur zu und schuf zu eigenen Geschichten seine schönsten Bilderbücher, deren letztes, VOLLMOND, ein liebevolles Abschiedsbuch wurde.

Bilderbücher, Märchen, Spiele, Cartoons, Nonsens, Erzähltheater – in allen Formen seines reichhaltigen Werks finde ich eine gewisse Kindlichkeit oder wie soll man es anders ausdrücken: diese kreative Freude eben, Gott und die Welt neu erfinden zu wollen.

F. W. BERNSTEIN

Zu F. K. Waechters letzten Zeichnungen

Wo alles anfing?
In Danzig!
Die Geschichte in Kurzfassung:
Danzig hatte drei Söhne: DANIEL, GÜNTER und FRIEDRICH-KARL.
Die Vaterstadt war eine gute Mutter; sie gab jedem ihrer Söhne ein Tuschegläschen und eine Zeichenfeder mit auf den Lebensweg und schickte sie in die weite Welt, ihr Glück zu finden. Einer nur konnte das echte Zauberzeichenzeug haben, ein Ding von unschätzbarem Wert, das die geheime Kraft hatte, vor Gott und den Menschen angenehm zu machen.
Der Älteste zog hinaus in das 18. Jahrhundert nach Berlin, illustrierte die deutsche Aufklärung und unter seinen Auftraggebern waren LESSING und LICHTENBERG. Sein Name aber war DANIEL CHODOWIECKI. Er überlebte mehrere Kriege, wurde Präsident der Akademie und starb hochgeehrt im Jahr 1801.

Seine Zeichnungen – meist in Serien von Radierungen veröffentlicht, waren realistisch und knochentrocken. Aber immerhin schrieb GOETHE 1776 an die damals hochberühmte Dichterin ANNA LUISE KARSCHIN: »... gehen Sie doch einmal zu CHODOWIECKI und räumen Sie bei ihm auf, was von alten Abdrücken seiner Sachen herumfährt. Schicken Sie mir's und stehlen Sie ihm etwa eine Zeichnung ...« Wenn das nicht für CHODOWIECKI spricht ...

Der zweite der drei Danziger heißt GÜNTER GRASS, geboren am gleichen Tag wie DANIEL, nur 201 Jahre später. Er gilt ja nachgerade als Entdecker, wenn nicht gar Erfinder Danzigs, ist auch 1993 Ehrenbürger dortselbst geworden.

Er überlebt einen Krieg, kommt 1960 für sehr lange nach Berlin und wird hier, wie sichs für Danziger Zeichner gehört, Direktor – jetzt heißt es Präsident – der Akademie. »Ich zeichne eigentlich immer, auch wenn ich nicht zeichne«, sagt er. Getanzt hat er besser, als er in Stockholm den *Nobelpreis für Literatur* erhielt.

Der Dritte aber ist FRIEDRICH KARL WAECHTER. Musik bitte ein Tusch! Jahrgang 1937, grade noch aus dem Weltkrieg rausgekommen: »… 1944/45, um die Jahreswende, fliehen wir auf der Anita Najade, Netzleger Nr. 4 in 15 Tagen über die verminte Ostsee bis Warnemünde. Es ging nur Feldpostpapier zum Zeichnen …«

Dann geriet er aus der vorgezeichneten Laufbahn: Nix Berlin, nix Akademiepräsident. Er landet auf Umwegen in Mölln. Eulenspiegel? Geschenkt!

Studium Kunstschule Alsterdamm, Hamburg. Ausbildung zum – so hieß das damals noch: Gebrauchsgraphiker; erste Stelle bei der *Oberbadischen Annoncenexpedition (OBANEX)* in Freiburg, 1962 Chefgraphiker bei *pardon* in Frankfurt, wo er seitdem arbeitete, dichtete, zeichnete, inszenierte, zauberte und Fußball spielte, bis zu jenem 16. September 2005. Jetzt ist er nicht mehr sterblich, und bis auf einige Kunstpriester ist es eigentlich allen klar geworden, daß von den drei Danziger Zeichenmeister er, FRITZ WAECHTER, über jenes magische Zeichenzeug verfügt – sie wissen schon.

In einem zeitgenössischen Nachruf auf DANIEL »AUFKLÄRUNG« CHODOWIECKI, den ersten Danziger Meister, heißt es: »… [er ist] der Stifter einer neuen Kunstgattung in Deutschland: der Darstellung moderner Figuren mit einer Wahrheit des Ausdrucks und einer unnachahmlichen Laune, verbunden mit der strengsten Hinsicht auf sittliche Besserung …«

Nichts anderes hatte doch ADELE im Sinn, WAECHTERS Hauptfigur auf seinem gloriosen Blatt ADELE ZEIGT IHREN BRÜSTEN DIE MÄNNER.

Sein letztes Jahrzehnt

Er hat Jahr um Jahr Buch um Buch komponiert, jedwedes auf andere Art und Weise. Und der *Diogenes Verlag* hat die Werke vorbildlich zum Druck befördert.

Im Jahr 2002 erschien dort auch der üppige Sammelband, der so heißt wie er, nämlich WAECHTER. Und darin schreibt HANS TRAXLER vom »Moment der Gnade«, von »diesem somnambulen Glücksmoment des Zeichnens, wo einer so gut drauf ist, daß ihm aber auch alles gelingt … es läßt sich nicht übersehen, daß der besagte gebenedeite Zustand bei WAECHTER auffallend häufig auftritt. Die Folgen sind: eine makellose Eleganz im Linienfluß, schlafwandlerische Sicherheit in der Anwendung von einem Dutzend grafischer Techniken ... eine apollinische Heiterkeit, Pointen von gewagtester Drastik bis hin zum verschwebenden dreifachen pianissimo und ein über allem waltender Kunstverstand ...«

Wie sagt der Dings, der GOETHE? »Dem Vortrefflichen gegenüber gibt es nur eine Freiheit, die Liebe« – wir müßten sonst vor Neid zerplatzen.

Zeichnen ist Glücksache.

In den Büchern dieser letzten Jahre führt er sein technisches, dramaturgisches Repertoire vor – dieser überbordende Reichtum ist atemberaubend. Sehen Sie selbst!

Für seine Produktion ist immer – behaupte ich – seine theatralische Sendung maßgebend. Jeder einzelne Cartoon ist eine Inszenierung. Und er hat ja eine Auswahl solcher graphischer Einakter und Strips auf die Bühne gebracht – der Transfer gelingt ohne große Umstände. PAPIERTHEATER nannte deshalb schon WILHELM BUSCH seine Bildergeschichten. Bei F. K. WAECHTER ist oft eine Zeichnung ein Drama: »Ein Riss ging durchs Zimmer – und rettete den Abend«. Alles gerät ihm zur Szene: »Alles klar? Ne, wieso?«. Ohne daß seine Arbeit am »richtigen« Theater darunter litte, erschienen seine Bücher – das geht wies Katzen machen. Überhaupt Katzen – Doch jetzt die Bücher. Auf den meisten sehen Sie Abbildungen im Original.

1997 erscheinen die Texte ERZÄHLTHEATER und – Stichwort Katze! – der Band DA BIN ICH. Eine Katzengeschichte im großen Format, fast DIN A4. Der kleine Kater steht am Ende vor der Tür. »Du machst mir auf. Wie schön. Da bin ich.« Umblättern: happy end! Eine flüchtige flüssige Sepia – Pinselskizze: zwei kleine Silhouetten gegen den Abendhimmel. Sonst ganzseitige, ja doppelseitige kolorierte Pinselzeichnungen.

Der Inhalt ist harter Stoff, trocken protokolliert. Immer nur zwei Zeilen Text unter dem gerahmten Bild. So:

»Wir waren zu viel

Da haben uns die Fischer in einen Sack gesteckt und sind aufs Meer hinausgerudert und haben uns ins Meer geworfen um uns zu ertränken.«

Das Bild leistet, was die Musik im Melodram schafft: es bietet dem Drama eine Bühne und bannt den Schrecken. Flüchtlingsschicksal: der namenlose Katz, ein Simplizius Simplizissimus, überlebt Not und Tod. »Da komme ich zu mir und bin noch am Leben, der Einzige in einem Totenschiff.« Diese Zeile unter einer Doppelseite: enger Schiffsraum voller Fässer und Skelette – nein, mit einer Aufzählung ist's hier nicht getan. Die Leichtigkeit, mit der die Bühne dieses Papiertheaters ausgepinselt ist, überwindet mühelos das Grauen …

1998: DER ROTE WOLF; eine großformatige Hundegeschichte, Russischer Winter, Zweiter Weltkrieg. WAECHTER erhält zum zweiten Mal den *Deutschen Jugendbuchpreis*.

Im selben Jahr 98 MEIN 1. GLAS BIER – Das Buch hat Schulheftformat und beherbergt eine Schülergeschichte – für mich der Gipfel von WAECHTERS Buchkunst.

Kein üppiger Schnickschnack wie bei den meist grauenvollen »Künstlerbüchern«, nein: aus unansehnlichen Elementen wird lautere Schönheit. Form, Inhalt, Gehalt und Gestalt, Technik, Wirkung und Bedeutung sind einfach und eins geworden.

Kunst – was sonst!

Die Inhaltsangabe ohne Bilder sagt zu wenig. Schüler bei der Beerdigung eines verunglückten Mitschülers, die Vorgänge wie im Tagebuch von einem Mitschüler handschriftlich auf der jeweils linken Seite notiert. »Die Lehrer waren gegangen, grünes Licht für ein Bier.« Was nun, Mitte des Buches, folgt, ist ein Mirakel.

Die Kerle betrinken sich in Wittkamps Gasthof, 17 Striche sind's auf dem Bierdeckel im Innentitel. Und dann der Zug durch die Gemeinde: in einer hinreißenden Bilderfolge geht es durch den ödesten Ort unserer Galaxis: »Wir brüllten gegen das stille Dorf« – so still und menschenleer lag noch keine Dorfstraße in Matsch und Schnee, ganzseitig, Bleistift laviert. »Lachten gegen die Nacht« – nein, wenn ich's beschreibe leidet die Komik. Und die nächste Bildseite: »… kotzten auf den Asphalt« – nein, keinerlei Ekelreiz. Sondern? Nie kämen Sie darauf: ! WAECHTER stellt drei mannshohe Stücke Buttercremetorte aufrecht ins Mondlicht auf die Dorfstraße. Und immer wieder über allem der Bussard … Wir überlassen ihn dem Kollegen Deutobold Allegoriowitsch Symbolozetti Mystifizinsky.

Nächstes Buch 1999 DER KLEINE IM GLASPOTT. Mich zieht's rasch weiter ins Jahr 2000. Das kleinste Format hat DIE GESCHICHTE VOM ALBERNEN HANS.

»Wo bin ich denn hingeraten? fragte Hans. Ein weißgoldner Büschel aus Blüten das aussah wie eine schleichende Katze, die sich im Winde wiegte, schwieg ...«

Mehr, ja alles über Katzen zeigen die kolorierten Federzeichnungen, halbseitig, doppelseitig, ganzseitig komponiert; der Text oft im lyrischen Zeilenfall:

»Am nächsten Morgen
kam eine schwarzorangefarbene Katze,
legte ihre graue Pfote
Hans auf die Brust,
fuhr sanft fünf Krallen aus ...«

Eine bilderreiche – nein: eine textreiche Bildergeschichte, rätselhaft, »poetisch« hätte man zu Zeiten gesagt. Leider macht der Klappentext Kitsch daraus: »Ein Märchen über den dornigen Weg, erwachsen zu werden; ein Märchen über die Liebe.«

STEINHAUERS FUSS, 2001. Eine Etude – nein, 54 Etuden in ganzseitigen Linolschnitten. WAECHTER spielt mit den bildnerischen Elementen. Hier ohne Farbe, ohne Zwischentöne. Ein Schattentheater mit betörenden Formeln und Formulierungen. Der Text im traditionellen Märchenton kurz und, wie schon Schnurre gelobt: »von angenehmer Kargheit.« Happy end: »Da suchte sich der Tod ein neues Quartier; weit weg von Bratenduft und Geigenklang und fröhlichem Hochzeitstreiben.« Wortlos dann Großaufnahme. Ein Kuß, direktemang aus Hollywood.

Jetzt erscheint das größte: DIE SCHÖPFUNG, 2002.

Der kleinste Schöpfer – ein Bengel mit roter Fliege am Kragen und Zylinder obenauf.

Rieseninszenierung, mit allen Papierbühnentricks des Graphic Design. Der namenlose Knirps hat gepinkelt: das Meer erglänzte weit hinaus. Er furzt den Wind und kackt das Land. Er schafft sich sein Ebenbild, das ist aber ein Mädchen. Und dann wird gottsallmächtig collagiert und die Welt erschaffen, daß es nur so eine Art hat. Eine Pracht, wie er das macht.

2003 Ausstellung im Bilderbuchmuseum Troisdorf. Und Bühnentexte zu EISPRINZESSIN und FRANKENSTEINS MONSTER.

Es folgen zwei Prunkstücke in größerem Format: DER AFFE DES STRANDFOTOGRAFEN 2004 und 2005 PRINZ HAMLET, seine Version des Dänenprinzen.

Die Zeit eilt ihm davon, aber er schafft noch sein Heiterstes und Glücklichstes: HANS TRAXLER stellt dieses kleinformatige Wunder in seinem Nachruf in der Zeit – Sonderbeilage Literatur vom November 2005 – vor:

»Einige Monate vor seinem Tod rief FRITZ mich an. Er hätte grade dieses Kinderbuch beendet, von dem er mir erzählt hatte. Morgen gingen die Originale nach Zürich, ich könne sie heute noch sehen ... auf einem langen Holztisch hatte er die Originale zum VOLLMOND ausgebreitet. 37 einfache Bleistiftzeichnungen auf DIN A4 Blättern, denen er die Struktur eines schwarzen Kreidestrichs verliehen hatte, indem er sie durch einen Xerografen laufen ließ. Das Ergebnis hatte er koloriert, mit blassen, huschenden Farben. Ein makelloses Buch, aus einem Guß, und eine wunderbare Geschichte. Ich sagte es ihm. Er stand da und schwieg, wie meistens. Eine lange, dünne Figur, noch länger und dünner als sonst, im dunklen Gewand, eine schwarze Strickmütze auf dem Kopf und leicht gebeugt. So werde ich ihn in Erinnerung behalten ... Sein Lektor hat das fertige Buch mitgebracht, als er zu FRITZENS Begräbnis anreiste. Es war einen Tag vorher aus der Binderei gekommen ...«

Bis hierher erst mal ...

Und dann? Dann werden wir uns wie immer schon und wie immer wieder seine Cartoons erzählen, wie es ROTRAUT SUSANNE BERNER in ihrem Nachruf erzählt:

»Neulich, bei einem Empfang, auf dem ich keine Menschenseele kannte, stand neben dem Büffet ein älterer Herr, schaute auf den Käsekuchen und sagte zu mir:

›Pinki, hierher‹ ...«

FRIEDRICH KARL WAECHTER
SO DUMM WAREN DIE HEBRÄER

VOR DREITAUSEND JAHREN ZWANGEN DIE ÄGYPTER DAS VOLK DER HEBRÄER ZUM DIENST MIT UNBARMHERZIGKEIT UND MACHTEN IHM DAS LEBEN SAUER MIT SCHWERER ARBEIT IN TON UND ZIEGELN. ABER JE MEHR SIE DAS VOLK DRÜCKTEN, JE MEHR ES SICH MEHRTE.
DA GEBOT PHARAO, DER KÖNIG DER ÄGYPTER, SEINEM VOLK
ALLE SÖHNE DER HEBRÄER, DIE GEBOREN WERDEN, WERFET INS WASSER
UND ALLE TÖCHTER LASSET LEBEN
ALS ANDERTHALB MONDE SPÄTER DIE TOCHTER PHARAOS HERNIEDERGING UND WOLLTE BADEN IM WASSER DES NILS…
…ENTDECKTE SIE EIN KÄSTLEIN IM SCHILF.
DARIN LAG EIN KNABE UND WEINTE
DA JAMMERTE ES DIE TOCHTER DES PHARAO
UND SIE GEBOT, DAS KNÄBLEIN BEI HOFE ZU ERZIEHEN.
DER KNABE WARD MOSES GENANNT UND GELEHRT IN ALLER WEISHEIT DER ÄGYPTER UND ER WARD MÄCHTIG
IN WERKEN…
…UND WORTEN.
…DA ERSCHEINT MIR IN DER WÜSTE DER ENGEL DES HERRN IN EINER FLAMME AUS DEM BUSCH…
…UND DER BUSCH BRENNT MIT FEUER UND WIRD DOCH NICHT VERBRANNT…
…UND DER HERR SPRICHT ZU MIR AUS DEM BUSCH…

...MOSE, MOSE! ICH BIN HERNIEDER GEFAHREN DIR ZU SAGEN: GEH HIN UND FÜHRE DIE KINDER ISRA ELS AUS DER HAND DER ÄGYPTER..
JE HÄRTER DAS JOCH UNTER DEN ÄGYPTERN DRÜCKTE, DESTO BESSER WURDEN MOSES' GESCHICHTEN
BIS IHM ENDLICH DAS VOLK DER HEBRÄER FOLGTE ZUM FRUCHTBAREN LAND HINTER DEM JORDAN.
DER GLAUBE DER HEBRÄER HATTE MOSES ZUM FÜHRER, ZUM REICHSTEN UND MÄCHTIGSTEN SEINES VOLKES GEMACHT.
ABER DAS LAND HINTER DEM JORDAN WAR SO GUT, DASS BALD EIN JEDER HÄTTE REICH SEIN KÖNNEN WIE MOSES, ALSO DASS MOSES SEIN HIRN MARTERTE, AUCH WEITERHIN DER MÄCHTIGSTE ZU BLEIBEN. UND WIE
ER SO DEN BERG SINAI VOR SICH SAH, KAM IHM EIN GEDANKE.
!
GEGEN ABEND ERSCHLUG MOSES ZWEI SCHAFE
UND WARF SIE AN DEN BERG.
AM ANDERN MORGEN ERZÄHLTE ER DEM VOLK
GOTT SPRACH ZU MIR: LASS EINEN ZAUN UM DEN BERG SINAI ZIEHEN, DENN WER DEN BERG ANRÜHRT, STIRBT DES TODES, ES SEI DENN EIN TIER ODER EIN MENSCH
UND DAS VOLK ERSCHAUERTE
UND WIE ES DIE SCHAFE AM BERG SAH, ERSCHAUERTE ES NOCH MEHR.
UND TAT WIE DER HERR IHM GEHEISSEN.
ALS EIN GEWITTER AUFZOG, UND DER GIPFEL DES BERGES IM DUNKEL LAG
KLETTERTE MOSES FURCHTLOS ÜBER DEN ZAUN
AUF DEN BERG, UND DAS VOLK BEBTE.
SEHT, IHM GESCHIEHT NICHTS. ER IST AUSGEZEICHNET VOR GOTT
ALS MOSES VOM BERG HERUNTERKAM,
TRUG ER ZEHN TAFELN UNTERM ARM
UND BEHAUPTETE STEIF UND FEST
DAS SIND DIE ZEHN GEBOTE
DIE SIND VON GOTT
IHR SEID AUSGEZEICHNET VOR ALLEN VÖLKERN
UND EIN HEILIGES VOLK DAZU

UND DAS VOLK GELOBTE ZUM ZEICHEN DES BÜNDNISSES MIT DEM HERRN, ALLE GEBOTE GETREULICH ZU BEFOL-GEN UND ZU TUN, WAS GOTT BEFAHL.
UND GOTT BEFAHL, WAS MOSES WOHL WAR, UND BALD WAR MOSES REICHER UND MÄCHTIGER DENN JE
UND HATTE DIE SCHÖNSTEN FRAUEN
ZWISCHEN ROTEM UND TOTEM MEER.
MOSES UND GOTT HATTEN DIE HEBRÄER AUS DER KNECHTSCHAFT IN DIE FREIHEIT GEFÜHRT UND DAS DANKTE IHNEN DAS VOLK MIT DIENST UND GEHORSAM.
UND WENN EINER MEINTE,
DASS ER GENUG GEDANKT HATTE
UND LIEBER SICH GEHORCHEN WOLLTE
-DEM ZEIGTE MOSES EINE TAFEL.
DAS 1. GEBOT
ICH BIN DER HERR, DEIN GOTT
DU SOLLST NICHT
DERE GÖTTER HABEN
NEBEN MIR
UND WENN EINER KLAGTE,
ACH GOTT, ACH GOTT, DU MACHST MICH SO KAPOTT
DANN GAB IHM MOSES
EINE TAFEL.
DAS 2. GEBOT
DU SOLLST DEN NAMEN DES HERRN DEINES GOTTES NICHT UNNÜTZLICH FÜHREN
DENN DER HERR WIRD DEN NICHT UNGESTRAFT LAS
DER SEINE
MISSBRA
UND WENN ES EINER NICHT MEHR AUSHIELT UND SEINE HÄNDE IN DEN SCHOSS LEGTE··

DANN TRIEB MOSES IHN MIT EINER TAFEL HOCH
UND SAGTE:
NUR ALLE SIEBEN TAGE SOLLST DU RUHEN ZUR EHRE GOTTES
DAS 3.GEBO
DU SOLLST DEN FEIER TAG HEILIGEN
UND WER AM SIEBTEN TAGE VERSUCHTE, DIE ANDEREN SECHS ZU VERGESSEN,
BEKAM DIE SELBE TAFEL GEZEIGT.

UND EHE DIE KINDER
RECHT WUSSTEN, WAS SIE WOLLTEN,
ZEIGTE IHNEN MOSES
DAS 4. GEBOT
DU SOLLST DEINEN VATER UND DEINE MUTTER EHREN AUF DASS ES DIR WOHLGEHT UND DU LANGE LEBEST AUF ERDEN
WAS SIE SOLLTEN

UND WENN EINER ERKANNTE, WER IHN UNTERDRÜCKTE,
UND WAS IHN BEFREIEN KÖNNTE,
DANN ZEIGTE MOSES IHM
EINE TAFEL
DAS 5. GEBOT
DU SOLLST NICHT TÖTEN

UND WENN EINE VON MOSES' FRAUEN
EINEN MANN LIEBER HATTE
ALS IHREN HERRN,
DANN KAM MOSES MIT EINER TAFEL.
DAS 6. GEBOT
DU SOLLST NICHT EHEBRECHEN

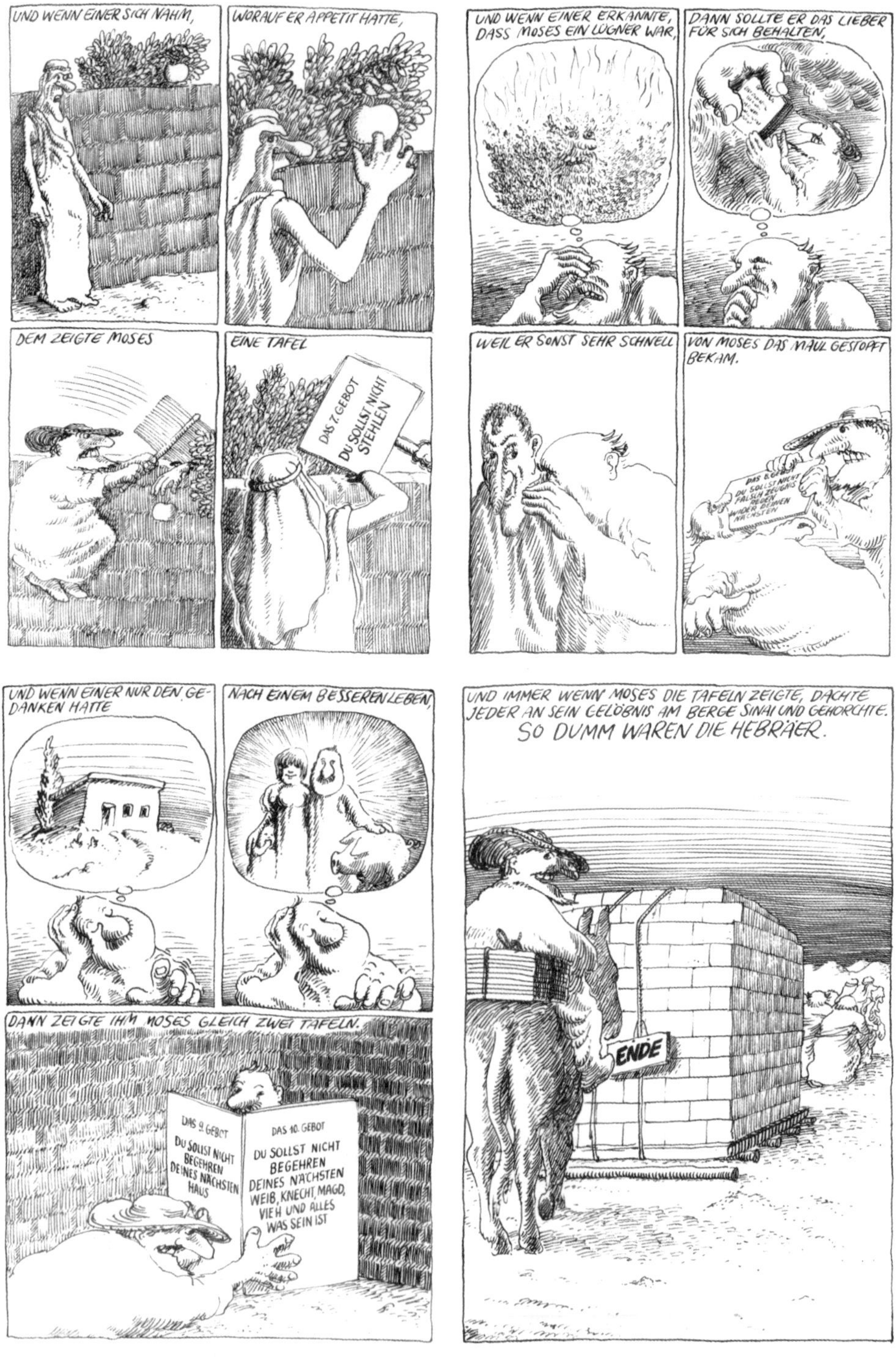
UND WENN EINER SICH NAHM,
WORAUF ER APPETIT HATTE,
DEM ZEIGTE MOSES
EINE TAFEL
DAS 7. GEBOT
DU SOLLST NICHT STEHLEN
UND WENN EINER ERKANNTE, DASS MOSES EIN LÜGNER WAR,
DANN SOLLTE ER DAS LIEBER FÜR SICH BEHALTEN,
WEIL ER SONST SEHR SCHNELL
VON MOSES DAS MAUL GESTOPFT BEKAM.
DU SOLLST NICHT FALSCH ZEUGNIS REDEN WIDER DEINEN NÄCHSTEN
UND WENN EINER NUR DEN GEDANKEN HATTE
NACH EINEM BESSEREN LEBEN,
DANN ZEIGTE IHM MOSES GLEICH ZWEI TAFELN.
DAS 9. GEBOT
DU SOLLST NICHT BEGEHREN DEINES NÄCHSTEN HAUS
DAS 10. GEBOT
DU SOLLST NICHT BEGEHREN DEINES NÄCHSTEN WEIB, KNECHT, MAGD, VIEH UND ALLES WAS SEIN IST
UND IMMER WENN MOSES DIE TAFELN ZEIGTE, DACHTE JEDER AN SEIN GELÖBNIS AM BERGE SINAI UND GEHORCHTE.
SO DUMM WAREN DIE HEBRÄER.
ENDE

PETER HACKS

Was ist ein Drama, was ist ein Kind?

Die Absicht war, aus Märchendramen, die für ein Publikum aus Kindern von Kinderdichtern der DDR verfasst worden, ein Buch zu machen. – An dieser Stelle täte ich am besten aufzuhören.

Alles ist gesagt. Der Satz ist fertig und ganz klar. Sobald ich eine Silbe hinzufüge, füllt sich der Sinn mit Geheimnissen und wird kein Ende. Was meint Märchendrama, Publikum, Kinder, Kinderdichter? Wir kennen die Worte, aber welch ein Verdruß, wenn wir sagen sollen, was sie bedeuten. Und warum von Dichtern der DDR? Und wozu ein Buch? Ich wollte, man ließe mich schweigen. Man trägt mir auf zu reden, und es wird ohne beträchtliches Nachdenken nun nicht abgehn.

Wir wollen unter Märchendrama, hier und im fernern, ausschließlich eine Sorte der Kinderliteratur verstehen. Wir gehen vom Offensichtlichsten aus, dem Personenzettel. Das Märchendrama arbeitet mit Zauberern und Hexen, Teufeln und guten Geistern, Tieren und Krokodilen: eben den Leuten, mit denen GOETHES FAUST, SHAKESPEARES STURM, AISCHYLOS' PROMETHEUS und SOPHOKLES' ÖDIPUS auch arbeiten. Nun, eingestanden, SOPHOKLES' Sphinx ist nicht eben ein Krokodil. Nehmen wir also Wagners ›RING‹, an dem jedenfalls das Krokodil verdienstvoll ist. Insofern Menschen zugelassen sind, reicht deren Stand bis zum höchsten Herrscherrange hinauf und bis zur lustigen Person hinunter. Ort der Handlung ist mindestens ein Königreich, die Fragestellung, mindestens, königlich.

Wir benötigen also keineswegs der Erinnerung an die Wunderstücke des ARISTOPHANES, die barocke Feerie und die Wiener Posse, um zu erklären, daß alles Drama, welches gut und nicht billig ist, sich in der Stoffwahl und künstlerischen Zurüstung vom Märchendrama kaum unterscheidet. Im Drama ist der Schritt von der Literatur der Erwachsenen zur Kinderliteratur nicht merklich. Das Märchenhafte macht beim Drama, das zu den poetischen Künsten zählt, das Gattungswesen, während es innerhalb der Prosa, in Gestalt des Kunstmärchens, abseits steht und eben als Ausnahme noch gelitten ist. Die Weise, in der Drama die Widersprüche der Wirklichkeit vermittelt, ist das Gleichnis. Im Drama – ARISTOTELES und HEGEL und LUKÁCS, alle bestätigen es – ist die Sage geschichtlicher als die Geschichte und zeitnäher als die Zeit.

Das Märchendrama verhält sich zur antiken Tragödie wie das Kindermärchen zum Mythos. Die Welt wird einsehbar in Form von Leitanekdoten; indem sie einsehbar wird, wird sie faßbar und geht künstlerisch zu bewältigen. Der von der Einbildungskraft unbehandelte Weltverlauf ist, in seiner Folge unregelmäßiger und sich seltsam überlappender Verwandlungen, schwer zu greifen. Die Schlüsse, die er setzt, sind bestenfalls Semikolons, das Drama indessen setzt Punkte. Statt des Geschiebes gegeneinanderdrängender Massen zeigt es den unverzettelten Zusammenprall, statt des Nebels der Erscheinungen die Klarheit des Wesens. Dem Drama gelingt Form, und das Märchendrama hat keine andere Wurzel und keinen anderen Lehrmeister als das Drama.

Leichter, als was eine Sache ist, sagt sich, was sie nicht ist, und man erklärt einem Menschen am verständlichsten, was er sei, indem man ihn auffordert, kein Frosch zu sein. Wir nehmen jetzt Abgrenzungen vor. Man kann eine Bühne mit manchem füllen, mit Keulenwerfern, bekleideten und unbekleideten Tänzerinnen, Tagesneuigkeiten und Eisbären. Nicht alles, was einen Abend macht, ist ein Theaterstück, geschweige ein Drama. Es gibt andere Werkmittel, ehrenhafte und unehrenhafte. Mit den unehrenhaften kriegen Kinder am häufigsten zu tun. Man lockt sie mit dem Titel eines beliebten und zur Dramatisierung ungeeigneten Märchens in den Zuschauerraum und unterhält sie, anstatt mit dramatischen Vorgängen, mit Schnurrpfeifereien.

Das ist das Verfahren, wo es die Menge tun soll, das Verfahren des Allerleisüß. Kinder, die essen müssen, was auf den Tisch kommt, lassen sich natürlich auch mit verschiedenen alten Resten abspeisen. Daß sie sie auslöffeln, beweist nicht, daß die Köche Künstler waren. Kein Wort hiervon mehr. Geringere Bedeutung, als man vielleicht erwartet, messen wir in unserem Zusammenhang dem Puppenspiel bei. Es ist wahr, die Gesetze des Bühnengerechten zeigen sich im Kaspertheater am reinsten. Jede szenische Wirkung läßt im Kaspertheater sich herstellen, unwiderstehlicher als irgendwo sonst. Die Stoffe, die es vorzeigt, sind die rohesten, also besten, und reichen bis zum FAUST und dem DON JUAN. Es ist zu allem fähig, nur zu einem nicht: zur großen Form. Der Grund ist der. Das Puppenspiel, das gleich dem Drama ursprünglich keineswegs für Kinder entworfen war, verfolgte, anders als das Drama, niemals eine höchste Absicht. Es war bloß fürs Volk, und es spielte sich bloß auf der Straße ab. Beides hat mißliche Folgen.

Der Volksheld entspricht dem Kind in vieler Hinsicht. Er hat Ärger mit den obrigkeitlichen Vätern, die ihn prügeln, er muß sich durch eine Welt schlagen, deren Spielregeln über seinem Gesichtskreis liegen. Aber in der Hauptsache steht er weit unter dem Kinde: er hat keine Zukunft und ist auf keine Zukunft hin angelegt. Ihm mangelt die Fähigkeit zu umfassendem Denken. Er hat Unlust zu jeglichem Weltentwurf. Der Umstand, daß Puppentheater Straßentheater war, verstärkt sein dramaturgisches Ungenügen. Es muß sein Gewicht auf die Nummern legen, nicht aufs Ganze, damit denn auch Laufkundschaft noch etwas mitbekomme. Märchendrama sehen wir, ist abhängig von der Einrichtung des Kindertheaters. Sein großer Vorläufer, der GRAF POCCI, besaß schon ein festes Haus, und so wurde das Drama vom DOKTOR SASSAFRAS das bedeutendste Werk, das auf dem Weg vom Puppenspiel her für die Märchendramatik gewonnen wurde.

Das andere klassische Stück, welches, in seiner Art vollkommen wie der SASSAFRAS, dem Märchendrama voranging, ist PETERCHENS MONDFAHRT. Seine Fabel freilich ist bloß eine Reisefabel. Aber im Gegensatz zum Passionsstück, dessen erfreuliche Umkehrung es ist, führt die Reise nicht von Leiden zu Leiden einem Untergang, sondern von Kampf zu Kampf einem Sieg entgegen, und die Haltestellen sind von wunderbarem Glanze. Nicht alle Formen des Theaters sind dem Tempel entlaufen, einige stammen vom geistlichen Umzug. Die letztern bedürfen des äußeren Gepränges. Mittel verselbständigen sich; Masken, Verkleidungen, Maschinen müssen Wirkung tragen helfen. Welch ein Meisterwerk PETERCHENS MONDFAHRT ist, erkennt man, wenn man es mit einem Werk ähnlichen Ganges und ähnlicher Landschaft, der Operette FRAU LUNA, vergleicht.

In PETERCHENS MONDFAHRT wird auf einem Käfer ins Reich der hohen Ziele geflogen, wie im FRIEDEN des ARISTOPHANES. Der Kunstgriff, den Hinflug zu einem hindernisreichen Abenteuer auszubauen und die Sorge der Rückkehr mit einem mühelosen theatralischen Schnippchen wegzuspielen, verrät Kühnheit und tiefen Bühnenverstand; denn im Drama gibt es die Richtung Rückwärts nicht. Es ist unwahrscheinlich, daß die Himmelfahrt Peterchens dem Trygaiosflug nachgebildet ist, sie ist vermutlich eine Doppelentdeckung. Erstklassige Leute gelangen bei gleichartigen Aufgaben zu gleichen Lösungen. Der Verfasser bewältigt auch auf vorbildliche Weise die der Gattung Märchendrama eigentümliche Schwierigkeit, wie den Weihnachtsmann in einem Stück auftreten zu lassen, dessen Held ein Maikäfer ist. Kinderstücke sind Winterstücke, nicht des Reims, des Markts wegen. Gemessen am Anblick heutiger Autoren, die gar nichts wollen, ist es eine Herzenslust, einen Schriftsteller am Werk zu sehen, der Geld verdienen will. Ein Kontoauszug ist nicht das schlechteste Lehrbuch der Dramaturgie. Wer nur an seine Börse denkt, vergisst doch wenigstens eines nicht: das Publikum.

Vom Publikum wissen alle vom Bau, daß es eine Person ist, und eine außergewöhnliche. Es hat andere und reichere Eigenschaften als jeder der im Saal Anwesenden. Es versteht schneller, fühlt tiefer, lacht und weint bereitwilliger und mit besserem Grund als irgendein Mensch. Der Fernsehzuschauer, der sich, wie weiland König Ludwig, eine Aufführung allein ansieht, begibt sich solch erhöhter Aufnahmefähigkeit und gebärdet sich daher so stumpfsinnig, wie er es bekanntlich tut. Wenn das Fernsehen hinter dem Theater künstlerisch mit Notwendigkeit zurückbleiben muß, liegt das außer an dem Umstand, daß es eine Behörde ist, daran, daß es zwar Zuschauer, aber kein Publikum hat.

Es ist aber die merkwürdige Erscheinung Publikum so schwer zu ergründen, daß viel Törichtes darüber geäußert worden ist. Der Vernunftmensch BRECHT leugnete sein Vorhandensein. Er hielt es für nicht mehr als eine Ansammlung von Einzelnen, und weil es, obgleich er es für unvorhanden erklärte, fortfuhr, vorhanden zu sein, wurde er sehr ärgerlich auf es, redete auf es ein und beschwor es, sich aufzulösen. Die Unvernunftmenschen wieder stellten ganz absonderliche Mutmaßungen über es auf, ähnlich denen, die sie auch über Termitenhaufen aufzustellen gewohnt waren. Da sie die Seele für eine stoffliche Sache, eben eine Sache von Seelenstoff ansahen, hielten sie auch eine stoffliche Überseele, einen unter dem Kronleuchter und über den Plätzen schwebenden Spiritus, für möglich, zu welchem die Gemüter der Theaterbesucher angeblich zusammengeleimt seien. Aber die Frage ist wichtig, und es sollte mit mehr Ernst über sie gehandelt werden.

Wer über irgendeine Frage des Theaters nachdenkt, kommt immer wieder auf einen Hauptpunkt zurück: die Anstrengung, die es seinem Verbraucher abverlangt. Ein Theater ist ein Zuchthaus. Die stundenlange Kenntnisnahme von Kunst ist eine Schinderei, und der, der sich ihr unterziehen muß, ist eingesperrt; selten gelingt ihm die Flucht. Im Gegensatz zum Zuchthäusler aber fühlt sich der Theaterbesucher in seinem Kunst-Knast wohl. Er arbeitet, ohne sich zu schonen, mit: weil er das (irrige) Gefühl hat, er sitze freiwillig ein, und das ebenfalls irrige Gefühl, die Schwerarbeit sei durch keinen nützlichen Zweck beschadet. Das Spiel ist die einzige Tätigkeit, welcher sich der Mensch voll hingibt. Die innere Lage des Theaterbesuchers besteht in einer ungeheuren Überforderung seiner geistigen Kräfte.

Die höchste Schicht des Bewußtseins nun, voll und ganz mit ästhetischen Anmutungen beschäftigt, erfüllt inzwischen ihre Aufgabe als Deckel des Unterbewußten nicht mehr. Während das Bewußtsein die Bühne beobachtet, beobachtet das unbeaufsichtigte Unterbewußtsein, oder eine Abteilung desselben, den Zuschauerraum. Wie man sehr schwache Sterne nur wahrnimmt, indem man an ihnen vorbeisieht, vernimmt man sehr leise Ausdruckszeichen nur, wenn man das Ohr anderswohin richtet. Man vermerkt Regungen und Aufregungen, die einem entgingen, wollte man auf sie merken.

Je eifriger der Zuschauer zur dramatischen Rede hinhört, desto Genaueres erfährt er zugleich über die Laune seiner Mitzuschauer. Er überhört keinen Seufzer der Langeweile, kein unterdrücktes Brummen des Unmuts, keinen angehaltenen Atemzug, der mitteilt, daß ein Umsitzender sich bereits im Bann der Spannung befindet. Winzige Zeitverzögerungen beim Entschluß, einen Spaß für spaßig anzunehmen, deutet er als Unglücksboten, was das Schicksal der kommenden Späße betrifft. Gewisse ruckartige Bewegungen entschlüsselt er als Aha-Erlebnis, als das Einschlagen einer Nachricht, die, indem sie einleuchtet, betroffen macht. Schnelles Schalten einiger stellt die Aufnahmegeräte aller auf höhere Geschwindigkeit ein. In diesem besonderen Zustand der unbewußten Hellhörigkeit befindlich, befinden sich also die achthundert Leute, welche in einem Zuschauerraum sich aufhalten, in einem fortdauernden Zustand der gegenseitigen Verständigung über das Bühnengeschehen. Ihr Urteil verschmilzt zu einem gemeinsamen. Ihnen entgeht nichts. Weil dieser Briareus Publikum 1600 spitze Ohren nach hinten richtet, hat er 1600 scharfe Augen nach vorn.

Daß dies die Regel ist, erkennt man in den seltensten Fällen, wo ein ausnahmsweise albernes Publikum einen zwingt, sich von ihm abzusondern. Im Augenblick, wo man mit sich darüber hadert, daß man mit den anderen über einen elenden Witz gegrölt oder bei einem gemeinen Rührtrick geflennt hat, wird klar, daß man bis dahin von sich selbst unbewacht und fremdgeleitet sich verhalten hat. Das Publikum trifft sehr früh eine Verabredung über seine Haltung zur Aufführung. Es mag sie oder mag sie nicht, folgt oder entgleitet ihr. Wer sich der Stimmung des Hauses entziehen und auf eigene Faust genießen möchte, genießt ohne Tiefe und ohne Behagen.

Das Publikum empfängt auf jeder Welle. Der Philosoph leiht dem Blumenmädchen von seinem Wissen und das Blumenmädchen von seinen Erfahrungen dem Philosophen. Sie arbeiten zusammen. Hieraus erklärt sich die Größe, freilich auch die Verführbarkeit des Publikums. Setzt das Theater geschmacklose Mittel ein, kann das Blumenmädchen, das Geschmack unter seinen Gaben zu führen nicht verpflichtet ist, über den Philosophen siegen. Die groben und niedrigen Herzen haben eben die Kraft zur Ansteckung wie die feinen und edelfühlenden. Das Publikum, jedes Theater rechnet so, ist selig, wenn man ihm Höchstes anbietet, und es klatscht und jubelt bei jedem Mist. Das Gesetz des Zusammenhanges zwischen künstlerischem Wert und Publikumserfolg lautet: Was durchfällt, muß jedenfalls schlecht sein; was gefällt, ist deswegen noch lange nicht gut.

Damit die Publikumsseele eine vollständige Seele sei, sollte sein Körper ein vollständiger sein. Das gemischteste Publikum ist das beste. Wofern die Publikumsseele hinreichend zusammengesetzt aus Klassenbegierden, Bildungsstufen und Empfindungsvermögen ist, dann ist sie ein Individuum von umfassendem Kunstverstand, fähig, alle, auch die entlegensten und geheimsten Schwingungen des Dramas zu orten. Schlimmes geschieht einer Aufführung, wenn das Publikum die gegenseitige Hilfe einstellt und in feindliche Meinungen auseinanderbricht. Die Schauspieler spielen dann, statt vor dem obersten Zuständigen, vor einem Spaltirren. Andere Künste, die sich an Einzelne wenden, mögen sich den Belangen Einzelner widmen. Das Publikum ist nicht teilbar, und das Theater verhindert sich selbst, welches sich an das wendet, was man heutzutage lächerlicher Weise eine Zielgruppe nennt.

Das Märchendrama aber tut eben das. Im Publikum sitzen Alt und Jung, im Kinderpublikum sitzt nur Jung. Das ist seine grundsätzliche Schwäche.

Wäre das nicht, wäre über Märchendrama nichts anderes zu sagen als über Drama auch. In seinen sonstigen Merkmalen gleicht das Kinderpublikum dem von Erwachsenen gebildeten: manchmal allzu willfährig, ist es meist funkendurchsprüht und von kraftvollem Genußvermögen, und in Hinsicht der Zusammenarbeit an der Begeisterung übertrifft es dasselbe, weil es lautstärker und von weniger Vorwissen behindert ist. Aber während das Publikum für die Menschheit steht, bleiben Kinder Kinder. Die Beschaffenheit des Kinderpublikums als Zielgruppe setzt dem Märchendrama Schranken, verbannt es aus dem Reich der schönen Kunst und verurteilt es, zu den hübschen Künsten zu gehören. Ein Kinderpublikum hat einen einzigen Schaden: den, daß es aus Kindern besteht.

Auf die Frage, was Kinder denn seien, hält das Wissen der Geschichte zwei Antworten bereit. Die meisten Zeiten deuten sie als Tiere, welche nicht erzogen, sondern abgerichtet werden müssen; einige Zeiten wieder nehmen sie für Menschen, welche auf ihre Art fertig sind und keiner gewaltsamen Lenkung bedürfen. Daß die Kinder, ungeachtet solch schlechtbedachter Zuordnungen, häufig überleben, danken sie mütterlicher Sanftmut und den Tatsachen, welche sich nicht an das halten, was man denkt. Natürlich sind Kinder weder Tiere noch Menschen, sondern ein Drittes. Sie sind vorgehabte Menschen, Menschenlehrlinge.

Die Natur verleiht ihren Geschöpfen jene Gaben, die sie benötigen, um ihren Geschäften nachzugehen. Das Geschäft des Kindes ist Lernen. Seine fast einzige Gabe ist der Verstand. Alle Kinder allen Alters sind intelligenter als ihre Eltern. Sie verarbeiten in einem Tag mehr Eindrücke als die Eltern in zehn Jahren, womit über die Eltern nichts Besorgniserregendes gesagt ist; denn diese Eigenschaft pflegt sich mit den Pickeljahren zu verlieren, und in allem übrigen sind die Kinder den Erwachsenen unterlegen und ziemlich minderwertig. Ihrer entschiedenen Übermenge an Gehirn entspricht eine ebenso entschiedene Untergewichtigkeit des Herzens.

Kinder haben unglaubliche Werkzeuge, um Erfahrungen zu machen, aber die Erfahrungen selbst haben sie nicht, und da ihnen die wichtigste aller Erfahrungen fehlt, die, daß ihre Mitmenschen innere Zustände auch haben, glauben sie sich im Alleinbesitz des Rechts auf Trieberfüllung und Zärtlichkeit und nehmen, außer gerissener Weise und im Verfolg ihrer Selbstsucht, kaum Rücksicht auf die Gefühle anderer. Der erste Seinsbereich, den als

Gegenüber sie ernsthaft begreifen, ist der der stofflichen Dinge. Ein Kind, das, vom Wissensdrang getrieben, seine Puppe ausweidet, ist offenkundig mehr klug als gut, und das heißt so wenig, daß ein künftiger Wundarzt in ihm stecke, wie, daß ein Kind, das Fliegen quält, bestimmt sei, ein Gewaltverbrecher zu werden. Es heißt nichts, als daß ein Kind ist, was es sein muß, ein Naturforscher und ein emotionaler Solipsist.

Was also immer die Künstler gegen ihre Erbfeinde, die Lehrer, vorbringen mögen: Kinder haben keinerlei Abneigung gegen didaktische Stücke, Stücke mit erweislichem intellektuellem Gewinn. Es ist wahrscheinlich, daß die Lehren, welche die Kinder zu vernehmen lieben, nicht die gleichen sind, welche die Lehrer zu erteilen lieben. Aber in der Hauptsache haben die Lehrer mehr recht, als man denkt. Zugleich mit dem Hunger nach Muttermilch verzehrt das Kind ein erhabener Hunger nach Welt, und das Bewußtsein seines Mangels an Nachrichten über dieselbe ist so stark, daß es auch mit poetisch unverkleideten Auskünften vorlieb nimmt. Die Predigt, sonst eben kein Kunstmittel, ist im Märchendrama zugelassen.

Zweck auch des erwachsenen Dramas ist Unterricht in der Frage, wie man lebt. Es erreicht diesen Zweck, indem es den Zuschauern nahelegt, sein Gemeintes den Begebenheiten, die es erzählt, und der Art und Weise, wie es sie erzählt, zu entnehmen. Seine eigentliche Sprache heißt Fabel und seine eigentliche Grammatik Haltung. Natürlich verhält sich das alles im Grunde nicht anders, wenn das Drama zu Kindern spricht. Aber deren geringe Kenntnis der Wirklichkeit erschwert ihnen, die Meinung der Haltung und der Fabel zu deuten, und zwingt den Verfasser, will er verstanden sein, zur Überdeutlichkeit. Diese kalbsbeinigen Rationalisten sind auf gröbste Unterscheidungen aus. Gerecht soll das Gegenteil von Ungerecht, Haß das von Liebe sein. Kein Ziel lohnt, das unter dem Vollkommenen zurückbleibt. Daher ist das Kinderdrama kaum in Versuchung, sich in Kleinlichkeiten zu verzetteln, und es bezahlt diese vorteilhafte Lage aber mit dem Preis, daß das Ausdrückliche an ihm, auch wo es die ästhetische Ebene nicht verläßt, eine gewisse Verwandtschaft mit dem Lehrhaften selten mit Erfolg wird ableugnen können.

In allem, was Verstand leistet, darf man sich auf ein Kinderpublikum verlassen. Es besitzt die Kraft, seine Gedanken zur Aufnahme einer durchgehenden dramatischen Handlung zu versammeln. Es kann sich eine Vorgeschichte merken. Es wird schwierige philosophische Schlußfolgerungen mitvollziehen. Es hat einen ungeheuren Sinn für sprachliche Schönheit und sprachlichen Witz, und es würdigt das Geistreiche mit viel weniger Mühe als die Alten, die von all dem nur die spärlichen Reste behalten haben, welche man in Bett und Firma benötigt. Es verlangt nur eben eines: die sittlichen Nachrichten, die man ihm anbietet, sollen keine anzweifelbaren, sondern behauptete sein. Es wünscht Feststellungen, nicht Infragestellungen.

Dem Erwachsenen können schwierige Entscheidungen zugemutet werden. Er hat als Kind den Begriff des Rechten vorgesetzt bekommen, hat sich in der Wut der Pubertät gegen ihn aufgelehnt und sich am Schluß den Begriff des Mehr-oder-weniger-Rechten, des Vorzuziehenden, erarbeitet. Das Kind, welches diese krumme Treppe nicht hinter sich hat, befindet sich noch auf deren unterster Stufe, und es wird die höchste niemals erreichen, wenn ihm der Begriff des Rechten nicht mit Autorität beigebracht wird. Indem es Werte zunächst von Amts wegen kennenlernt, behält es zeitlebens das Vertrauen in das Amt der Werte. Ein Kind, dessen Unterricht mit Zweifel beginnt, wird bei jener Verschmelzung von Erfahrung und Zweifel enden, welche Anpassung heißt.

Die Aufgaben demnach, die das Märchendrama den Kindern stellt, mögen heikel sein, aber sie dürfen den Drang zur Auffindung des Rechten nicht entmutigen. Das Kind darf sich an Falschem reiben müssen, aber immer so, daß es an dessen Stelle das Wahre setzen kann, nie so, daß es verunsichert wird. Einfalt muß nicht sein, Einbödigkeit muß. Kinder vergöttern Ironie – solange sie durchschaubar bleibt. Das sich selbst als Form verspottende romantische Märchen ist dem Kind schädlicher und aus gutem Grund unangenehmer als die unschöne Form des Zeigefingers. Einfühlsame Kinderfreunde warnen uns, das kindliche »Warum?« mit einem nachdrücklichen »Weil ich es sage« zu erledigen. Aber jedes Kind kann verstehen, daß das eine vernünftige und lebensnahe Antwort ist.

Der Streitpunkt, mit welchem die Fachleute vom Kindertheater am angelegentlichsten ihre Zeit vertun, ist der, ob es die Welt des Kindes oder die Welt des Erwachsenen abzubilden gelte. Schließlich stellt ja das Drama auch nicht die Frage: Welt des Eisenbahners oder Welt? Allenfalls der Eisenbahner stellt sie. Das Kind hat da leichter Einsicht zeigen als der Eisenbahner, weil es nicht auf den Einfall kommt, sich für fertig und somit möglicherweise für die Hauptsache zu halten. Es weiß, daß es auf einen späteren Zustand hin lebt, ein Vorläufiges ist. Seine Beschäftigung ist Altern, sein Zweck: Erwachsenwerden. Kinder spielen nicht Kinder, sie spielen Erwachsene, und sie wollen Erwachsene vorgespielt bekommen.

Die Menschen, Götter und Tiere des Märchens, wie die des Mythos, haben durchweg kindliche Seelen. Aber das Märchen handelt, gleich dem Mythos, nicht von Kindern. Seine Helden und seine Sorgen sind groß genug. Es ist die Gestalt, worin sich die Wirklichkeit von solchen erfahren läßt, die so fortgeschritten nicht sind, sie im Einzelnen zu erkennen. Daher zählen Kinder das Märchen mit Recht zur ernsten, zur adulten Literatur, während sie auf Stücke, in welchen Kinder auftreten, mit leichter Verachtung, eben als auf bloße Kindereien, herabblicken. Die Kindertheater könnten sich, begriffen sie nur ihr Publikum und damit die Gesetze ihrer Gattung, die Peinlichkeit, bärtige Männer und vollbusige Frauen in kurzen Hosen und mit gelben Zöpfen auf die Bühne zu schicken, sparen.

Das Kind macht aus der wissenschaftlichen Not eine künstlerische Tugend. In Ermanglung genauerer Nachrichten besitzt es die Gabe, Metaphern zu lesen. Es kann, was unter den Erwachsenen nur mehr die musischen können: Bilder als solche erkennen, sie auslegen, übersetzen, anwenden. Weil es ihm zum Auffassen von Ursache-Folge-Beziehungen an Weltstoff fehlt, schlußfolgert es aufgrund von Ähnlichkeiten. Der Kunstlaie tut sich immer wieder schwer mit der Einsicht, daß die Kunst mehr meint, als sie benennt. Dem Kind ist das sofort klar. Das Kind ist der poetische Mensch, und vielleicht ist der poetische Mensch einfach der kindliche.

Man redet von der kindlichen Einbildungskraft, wenn man das Kind beim Spinnen von ulkigem oder träumerischem Unsinn ertappt. Man übersieht, daß es ohne Einbildungskraft nicht den gewöhnlichsten Rechenunterricht überstände. Es lernt in der zweiten Klasse, bis über hundert zu zählen, und wird doch nie auf eine Menge von hundert zusammenzählbaren Gegenständen treffen. Die Schule unterrichtet, kaum anders als die alte Lateinschule, ihre Schüler fast nur über Gegenstände, die außerhalb ihres Erfahrungsbereiches liegen. Der Geschichtslehrer sagt ihnen, daß KARL MARX im Jahre 1818 geboren sei, Jenny von Westphalen geheiratet habe und nach der Revolution von 1848 nach London habe auswandern müssen, woselbst er dann das ›KAPITAL‹ schrieb und 1883 starb. Ganz offenkundig wissen Kinder nicht, was eine Revolution ist, was das neunzehnte Jahrhundert, was England und was der Kampf zwischen der bürgerlichen und der arbeitenden Klasse ist. Aber ebensowenig verfügen sie über die blasseste Ahnung von Geburt, Ehe oder Tod.

Aber mittels ihrer überwüchsigen Hirne gehen sie mit diesen für sie sinnlosen Worten richtig um und setzen sie gegeneinander ins Verhältnis, so als kennten sie ihre Bedeutung. Sie erlernen ein riesenmäßiges Begriffsmuster, das dem Gesamt der Wirklichkeit ein wenig ähnelt. Und so sind sie am Ende doch nicht ganz unvorbereitet, wenn die Schreckstunde kommt und sie der Zahl Hundert oder der Ehe im Leben begegnen. Die Schule hat ihnen ein Märchen erzählt: das Märchen von der Welt.

Das Kind trennt nicht scharf zwischen poetischer und wissenschaftlicher Abneigung. Sein Bezug zum Gegenstand ist heiter und ungenau. Es baut, überaus gemächlich, neben dem Reich der möglichen Dinge ein Reich der wirklichen Dinge auf, und diese Reiche bestehen, auf spaßhafte Weise zwar auch wieder unterscheidbar, doch kaum kämpfend, nebeneinander. Alle Erkenntnisse des Kindes sind Als-ob-Erkenntnisse, all seine Vermögen gleichsam probweise, gleichsam ästhetisch. Das Kinderpublikum ist ein Publikum von Künstlern, woraus nicht folgt, daß das Kinderdrama das vortrefflichste Drama sei. Kunst mag ein Spiel sein, aber sie ist kein Kinderspiel.

Die kindliche Anlage zum Bildhaften entspringt dem Stande der Armut und ist mit der Poesie gesitteter Menschen überhaupt nicht vergleichbar. DER DOKTOR SASSAFRAS ist kein FAUST. PETERCHENS MONDFAHRT ist kein ARISTOPHANES und das UNTIER VON SAMARKAND kein SHAKESPEARE. Sie können so rein wirken, weil an den Inhalt ihrer Wirkung so wenig Ansprüche gestellt sind. Weil sie einfach sein müssen, haben sie mühelos schön sein. Wir übergehen die Behauptung, es sei schwerer oder ebenso schwer oder auch nur annähernd so schwer, für Kinder wie für Erwachsene zu schreiben, mit Ekel. Es ist selbstverständlich viel leichter, und wer hierüber anderes vorbringt, kann vermutlich beides nicht sehr gut.

Nicht aus Gründen der Kunstanstrengung also ist die Fähigkeit, Märchendramen zu verfassen, eine besondere und sind Märchendramen selten. Die kindliche Beschränktheit, die die Hervorbringung von Poesie begünstigt, ist zugleich eine Beschränkung, die sie schwierig macht – nicht dem Wert nach schwierig, dem Handwerk nach. Der Ernst erscheint nur, wenn man ihn zwingt, im Niedlichen, und das Märchendrama gehört zu jenen

Dichtarten, in deren vorgegebene Drehs und Regeln der Verfasser sich einüben muß, ähnlich wie in die des Kriminalromans oder die des Schwanks. Für Kinder kann man nicht auch schreiben. Es gibt eine Anthologie DICHTER ERZÄHLEN KINDERN, die beweist es. Die meisten Dichter können Kindern nichts erzählen: weil sie die Kälte nicht haben, auf den größeren Teil ihrer Mittel zu verzichten, weil sie sich ausdrücken, aber nichts ausrechnen wollen, weil Kinderliteratur ein Geschäft ist, dessen Bräuche nicht mit sich umspringen lassen. In den kleinen Gattungen ist entweder der Urheber bescheiden oder der Erfolg. Die Schriftstellerei für Kinder pflegt von Fachleuten besorgt zu werden.

Es fällt schnell auf, wie viele Kinderdichter selbst keine Kinder haben. Seien es Klassiker wie ANDERSEN, CARROLL und GRAHAME, seien es die Neueren, KÄSTNER, SCHWARZ und KRÜSS – es schreiben da Leute für Leute, mit denen sie nicht verwandt sind. Ihre Beziehung zu ihrem Publikum ist eine vermittelte, eine onkelhafte, und indem wir es so ausdrücken, erkennen wir auch schon den Vorteil, worin sie sich befinden. Zwischen dem Vater und dem Kind geht es immer zwischen Seele und Seele. Die Formel aller künstlerischen Verständigung aber lautet: Seele-Kunstwerk-Seele. Der im Kunstwerk vergegenständlichte Weltentwurf schiebt sich, abgrenzend und verbindend, in das Gespräch zwischen dem Erzeuger und dem Verbraucher, macht es zu mehr als einem bloßen Zwiegespräch und verleiht ihm seinen Rang und seine Wichtigkeit. Das von der hohen Kinderliteratur gemeinte Kind ist das poetisierte Kind: eine Ausdehnung des bloß naturalen Kindes auf den unschuldigen, nicht festgelegten, zukunftgerichteten Menschen. In einen solchen Menschen kann man Kunst und Hoffnung setzten. Als ein solcher Mensch fühlen sich Kinder gern angesprochen; aber ihre leiblichen Eltern kennen sie leider zu gut, um sich so viel lobende Unwahrheit herauszunehmen. Künstler sein, das ist bis zu einem gewissen Grade immer Nichtdazugehören.

Freilich, nicht wenige Kinderdichter hatten Kinder und schrieben für die, vom STRUWWELPETER-HOFFMANN und POCCI bis zu MARSCHAK und zur LINDGREN, und neben denen wieder können wir leider nicht umhin, unter den Junggesellen die eigens zu erwähnen, die zu den Kindern eine nicht minder innige, aber minder erlaubte Neigung hatten. Alle Künstler arbeiten aus dem nämlichen Antrieb: Unvergnügen an der Welt und dem tiefen Drang, sie auf irgendeine Weise zur Ordnung zu rufen.

Aber gleich hiernach trennen sich ihre Wege. Die einen wünschen, in die Welt einzugreifen, die anderen begnügen sich damit, die Welt zu begreifen, und noch andere vergreifen sich an ihr. Kurzum, die Gilde der Kinderdichter drittelt sich, zu drei annährend gleichgroßen Teilen, in Väter, Onkel und Unholde.

Das erste eigentliche Märchendrama, das UNTIER VON SAMARKAND, entstand in den späten Fünfzigerjahren in der Deutschen Demokratischen Republik, und es ist kaum von ungefähr, daß es damals und dort entstand. Große Zufälle, solche, worin eine Vielzahl gleichgerichteter Zufälle gipfeln, sind keine Zufälle mehr. Man nennt sie Sternstunden und drückt damit aus, daß eine mächtige Anziehung von oben glücklich einwirkend über einem Geschehen waltete. Das UNTIER ist nicht nur das erste Drama für Kinder. Es ist überhaupt das erste Drama weit und breit, das seit 1850 verfaßt worden. Die neue Anschaulichkeit der gesellschaftlichen Verkehrsformen, die der Sozialismus mit sich brachte, die berechtigten Hoffnungen, von denen, bei noch unentmutigter Erinnerung der Revolution, jene Zeit erfüllt war, das enge Verhältnis zu den dramatischen Vorbildern, welche die Deutschen besitzen und deren Wert einige Dichter, auf Grund vorgenannter Umstände, zu erkennen die ästhetische Kraft hatten, ergaben die Gelegenheit zum Drama, und derjenige Künstler, der eine künstlerische Gelegenheit als erster ergreift, pflegt allen erdenklichen Gewinn aus ihr zu saugen und bringt keine Lapperei hervor. Das UNTIER ist eine geistige Anfertigung mit der sowohl der Verfasser von STAAT UND REVOLUTION wie der von TECHNIK DES DRAMAS wie die der KINDER- UND HAUSMÄRCHEN gleichermaßen zufrieden wären. Es ist unübertroffen und wahrscheinlich unübertrefflich. Immerhin, es hat Schule gemacht.

Theater ist der bühnenmäßige Nachvollzug der von einem Drama vorgeschriebenen Beziehungsabläufe durch leibhaftige Menschen und mit Ausdrucksmitteln, welche der Gebärde der Sprache und der sonstigen Bauformen des Dramas angemessen sind. Wir sind in der Lage, uns zu erklären, weshalb Theater, wenn es schon einmal statthat, am ehesten in der DDR statthat. Wirklich, es ist nicht irgendein Land, in dem wir leben. Es gibt wenige Völker, die aus dem Vorrat einer fortzeugenden Klassik schöpfen können. Die ursprünglichen Aufenthalte der dramatischen Dichtung sind allein England, Deutschland, Frankreich und Spanien. Die Russen, die viele gute Stücke besitzen, haben eine unausrottbare Neigung zum umständlichen Schildern und beobachtenden Sichgehenlassen, und bereits FONWISIN unterscheidet sich von MOLIÈRE durch eine größere Beimengung an abschweifenden und plauderhaften Bestandteilen. Während nun aber das Drama ausschließlich im Westen zu Hause ist, stehen nahezu alle Bühnen der Welt im Osten.

Sie stehen in Rußland und in Deutschland, in Polen, der Tschechoslowakei und auf dem Balkan: in jenen spätgekommenen Ländern, in denen Splitterfürsten sich ihre Hoftheater errichtet hatten. So viele Residenzen, so viele mögliche Athens. Das freisinnige Bürgertum, wo es die Geschicke einer Gesellschaft allein bestimmte (wie etwa in den USA), errichtete gar keine Theater, und es ließ sie, wo es sie (wie in London und Paris) als königliche Hauptstadtbühnen vorfand, verfallen. Abgerechnet also die deutsche Bundesrepublik und die österreichische, wo die Fabrikanten ihre Herrschaft noch nicht lange genug ausüben, um mit der Schleifung der Schauspielhäuser schon ganz fertig zu sein, stellt sich die bislang unbeachtete Tatsache heraus, daß die Bühnenkunst eine Ostkunst ist. Die Werkstätten, die sie benötigt, befinden sich in den sozialistischen Ländern.

Der einzige Raum, in welchem sich der Kreis des dramatischen Herkommens mit der Fläche, auf welcher Theater gebaut sind, überschneidet, ist der deutschsprachige. Und der einzige deutsche Staat, der, bei solch günstiger Überlieferung, die Gunst des Sozialismus nutzen kann, ist die DDR. Das ist der Zufall der Zufälle, das ist der Stern.

Wir leugnen überhaupt nicht, daß wir die Vorteile, die uns in Hinsicht der Bühnenkunst zugefallen sind, unserem bekannten geschichtlichen Nachteil verdanken. Der Sozialismus lebt mit einer Menge von Rückständigkeiten, die diesem deutschen Patent und russischen Erzeugnis für Jahrzehnte schwer zu schaffen machten und die ihm, am einen oder anderen Tage, zu mancherlei Vorsprung verhelfen werden. Die Einsicht in den umwegigen Nutzen geistiger Arbeit ist eine vorbourgeoise Tugend, so wie die Zucht, die Ehre oder die Frauenwürde vorbourgeoise Tugenden sind. Die Gewohnheit einiger Völker, ausgeprägte Persönlichkeiten hervorzubringen, stammt, mehr als man meint, aus den Zuständen des lehnsherrschaftlichen Fehdewesens und weniger, als man sagt, aus denen der bürgerlichen Markt-Fehden; (die Amerikaner sind durch übermäßigen Individualismus nicht eben berühmt geworden). Es ist Aufgabe des östlichen Sozialismus, derlei durch Altertümlichkeit zukunftsträchtige Besonderheiten als ihm eigene und wesentliche zu pflegen – unter denen das Theater, mit dem das Drama.

Das bloß Theatralische nämlich macht kein Theater. In allen theatralischen Wirkungen, das sei hier wiederholt, ist das Kaspertheater unerreichbar. Wenn wir uns innerlich sträuben, die Schaubühne nach Art des Kaspertheaters betrieben zu sehen, muß das daran liegen, daß uns das Dramatische besser unterhält. Es gibt keine Gleichberechtigung zwischen Theater und Drama. Dem Drama gegenüber ist das Theater ein Überflüssiges; im Grunde hat das Drama seine eigene Aufführung schon besorgt. Drama ohne Theater ist Kunst, Theater ohne Drama kann, was immer es sein mag, nicht Kunst sein. Ein Theater, das nach Erfolg strebt, sollte sich »Dramatisches Theater« nennen. Eine gegenwärtige närrische Laune der Schaubühnen will, daß es als unschicklich gilt, sich um Erfolg zu bemühen. Die Theater spielen keine Dramen, die Kindertheater keine Märchendramen. Den Märchendramen schadet das wenig, und wir drucken sie inzwischen in diesem Band.

ROBERT GERNHARDT

EIN VERBÜNDETER

Ich lernte WILHELM BUSCHS Bildergeschichte DIE FROMME HELENE im Alter von acht Jahren kennen, und es war Liebe auf den ersten Blick. Wir schreiben das Jahr 1945, ein Jahr, in dem ich weit herumgekommen bin: Im Januar die Flucht aus Posen, dem heutigen Poznan, zusammen mit der Mutter und zwei jüngeren Brüdern; der Zwischenaufenthalt im thüringischen Bad Blankenburg; erneuter Aufbruch, als deutlich wird, daß die Amerikaner den Russen weichen werden; glückliche, ganz und gar schwerelose Sommertage im Walde bei Hannover – im WILHELM-BUSCH-Land, wie ich heute weiß –, dann der Sturz: Da es den Anschein hatte, als seien dort Erziehung und Ernährung gesicherter als auf dem platten Lande, kam ich in ein Kinderheim der Kleinstadt Bückeburg, das von überwiegend bigotten und lieblosen Schwestern geleitet wurde – dem typischen Wilhelm-Busch-Personal, wie ich es heute einschätzen würde.

Graue Wintertage, ein Weihnachtsfest fern der Familie, das der Gipfel der Tristesse zu werden drohte, als hinter ihm unversehens ein heller Lichtstrahl sichtbar wurde: Mein in Bückeburg wohnender Vetter Arne schenkte mir WILHELM BUSCHS FROMME HELENE, und auf einmal wichen die Mauern des Heims zurück, weitete sich der Blick, überschaute ich gleichzeitig ferne Zeiten, fabelhafte Orte und verwunderliche Schicksale. Rätselhaft und verlockend bereits der Beginn:

Wie der Wind in Trauerweiden
Tönt des frommen Sängers Lied,
Wenn er auf die Lasterfreuden
In den großen Städten sieht.

Offenbach ist im Thalia,
Hier sind Bälle, da Konzerts.
Annchen, Hannchen und Maria
Hüpft vor Freuden schon das Herz.

»Offenbach ist im Thalia« – ich begriff kein Wort, und da war auch niemand, den ich um eine Erklärung hätte bitten können, schon gar nicht die Schwestern, die mir das auf den ersten Blick harmlos erscheinende Bilderbuch nach gründlicherer Prüfung vermutlich rigoros entzogen hätten. So las ich denn alleine weiter, mit roten Ohren, heißem Herzen und wachem Verstande.

Las davon, wie Lenchen, anders als ich, aus der sündigen Stadt aufs platte Land zu Onkel und Tante verschickt wurde, erfuhr, wie sie dort den Vetter Franz kennen und lieben lernte, während sie zugleich die reife Verwandtschaft mit Streichen piesackte, verfolgte, wie sie in kühler Berechnung den dicken, reichen Schmöck und Companie heiratete, bestaunte ihre Wandlung zur frommen Helene, die mit dem »heiligen« Vetter Franz auf zweifelhafte Wallfahrt ging und belachte schließlich ihre trotz aller Frömmigkeit unausweichlich gewordene Höllenfahrt : »Hinein mit ihr, / Huhu, Haha, / Der heilge Franz / Ist auch schon da!«

Da, wo ich auch die Schwestern des Kinderheims gerne gesehen hätte, Quälgeister, die uns Kindern sonntags in stundenlangen Gottesdiensten schmoren ließen, bevor wir gerädert von Langeweile und halbverhungert Essen fassen durften, und welche noch dazu die Stirn besaßen, uns von den abgezählten drei Bonbons Nachtisch eines wieder abzuverlangen, für Kinder, die es angeblich noch schlechter hatten als wir.

In BUSCH, das spürte ich, hatte ich einen Verbündeten. Bei ihm gab es etwas zu lachen, und das war in Zeiten rar, als die spärlichen Kinderbücher moralisierten und Unterhaltungskanäle wie Radio und Fernsehen ganz fehlten. Und bei BUSCH gab es etwas zu lernen, auch und gerade dann, wenn die behandelten Themen die Kenntnisse und das Vorstellungsvermögen des Kindes und auch noch des Knaben überforderten. Die hohen Gefilde der Liebe, Ehe, Erziehung, Religion und der sonstigen Werte – BUSCH hat sie alle mit solch gnadenloser Heiterkeit beackert, daß bereits das Kind begreifen konnte, wie sich da zwischen Anspruch und Wirklichkeit, zwischen Schein und Sein jene klaffenden Widersprüche auftaten, die seit jeher den besten Nährboden für Komik abgegeben haben.

Das Älterwerden hat seine Nach- und Vorteile. Heute birgt der Zauberspruch meiner Kindheit für mich keinerlei magische Mysterien mehr. Des Rätsels Lösung fand ich in FRIEDRICH BOHNES vierbändiger Ausgabe der Werke WILHELM BUSCHS. Der Vater der FROMMEN HELENE habe in das Buch Frankfurter Lokalkolorit einfließen lassen, schreibt er und fügt hinzu : »›Offenbach ist im Thalia‹ – damals dirigierte der berühmte Operettenkomponist im Thalia-Theater u. a. seine ›Schöne Helena‹«. Ob wohl der Name der »schönen« auch auf die »fromme« Helene abgefärbt hat?

Dafür lernte ich im Laufe der Jahre das zu genießen, was das lachlustige und lustsuchende Kind achtlos verschlungen hatte: WILHELM BUSCHS große Kunst, in Bildern ebenso begeisternd und erheiternd zu erzählen wie in Worten. Ein Lernprozess, der vermutlich kein Ende finden wird – unlängst kam die dreibändige, historisch-kritische WILHELM-BUSCH-Ausgabe ins Haus, und schon wieder fand ich ungezählte Anlässe, zu bestaunen und – denn auch das Kapitel ist gottlob noch nicht abgeschlossen – zu belachen.

ERNST KAHL

Da liegt der schwarze Bösewicht
Kindheit mit Wilhelm Busch

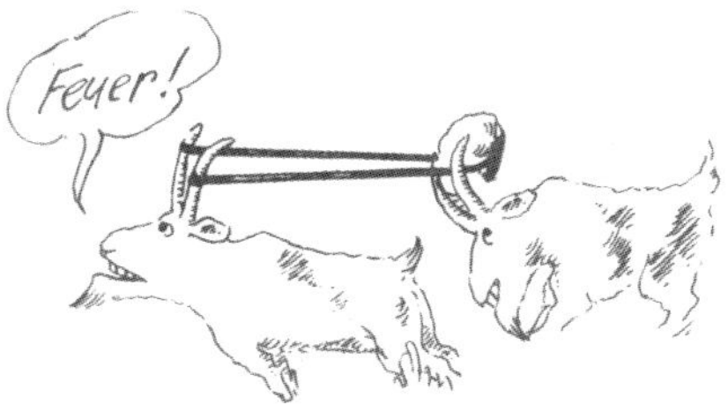

Ich war vier Jahre alt, als mich die Viren der Kinderlähmung heimsuchten. Ich wollte partout nicht ins Krankenhaus, saß in der Wohnstube vor der herausgezogenen großen Schublade mit dem bißchen Spielzeug und schmollte. Die in Aussicht gestellte Fahrt in einem Automobil sollte mich schließlich umgestimmt haben. Die erste Autofahrt meines Lebens! Aus dem vertrauten Dorf in die im Krieg zerstörte und 1953 immer noch ziemlich kaputte Stadt Kiel. Im Krankenhaus der Abschied von den Eltern. Alles fremd und ich allein. Mein Bett erschien mir sehr groß. An Sachen zum Spielen kann ich mich nicht erinnern, nur an ein Buch, ein mächtiges Buch mit einem bärtigen Mann vorn drauf, stechender Blick, breitkrempiger Hut: das große WILHELM-BUSCH-Album. Es war mein Kinderkino während des Krankenhausaufenthaltes. Der kleine Junge, alleingelassen mit BUSCH und dessen eigenartigen Bildergeschichten und Zeichnungen: Ein beidseitig angespitzter, riesiger Bleistift durchbohrt zwei Liebende … mit der Schere trennt ein hagerer Mann eines Knaben Kopf von dessen Rumpf … ein Kinderleichnam im aufgeschnittenen Fisch … jeder Psychologe würde vermuten, daß so etwas dem Seelenleben eines Kindes in dieser Situation Schaden zugefügt haben müßte. Wenn man mich heute fragt, wie die oft makaberen und absurden Inhalte meiner Erzählungen und Bilder zu erklären seien, verweise ich aus Bequemlichkeit auf jene Zeit im Krankenhaus, doch glaube ich nicht wirklich, daß da Zusammenhänge bestehen. Ich weiß nicht, ob BUSCH meine Psyche damals verletzte, nach fünf Wochen jedenfalls wurde ich als geheilt abgeholt.

Der Höhepunkt eines jeden Kindergeburtstages daheim, wenn Vater, umringt von uns Kindern, aus jenem dicken Buch vorlas. Mitunter ergänzte er den einen oder anderen Vers.

WILHELM BUSCH:
Und endlich schlachtet man das Schwein
da freute sich das Bäuerlein

MEIN VATER:
Das ist des Schweines Lebenszweck
Es schenkt uns Menschen Wurst und Speck.

Ich weiß nicht, ob eine pädagogische Absicht dahintersteckte, wenn Vater uns MAX UND MORITZ betrachten ließ. Meine und meines Bruders Streiche wurden oft mit körperlicher Züchtigung geahndet, und wir waren froh, nicht wie die beiden zwischen Mahlsteine gesteckt worden zu sein, sondern nur Schläge eingesteckt zu haben. Insofern war BUSCH eine Lebenshilfe für uns. Und daß ich heute so lieb zu Tieren bin, habe ich ihm auch zu verdanken:

Ernst riß 'ner Fliege 'nen Flügel raus
Summst jetzt nur noch ganz leis'
Und wenn du fliegst,
dann fliegst du im Kreis
Doch der dir das antat, lacht eiskalt
Und ist gerad mal fünf Jahre alt.

Warum das? Ich weiß es nicht. Verzeihlich, wenn's ein wissenschaftliches Experiment gewesen wäre, aber ich ging damals noch nicht mal in die Schule. Es war wohl die dem Kind innewohnende Grausamkeit, die mich leitete. Der Tag mit der Fliege war ein Tag ohne besondere Vorkommnisse. Abendbrot und ab ins Bett. Ein Sturm kommt auf und rüttelt am Fenster, reißt es auf, tobt in den Vorhängen. Dahinter ein bärtiger Mann mit glühenden Augen und breitkrempigen Hut: WILHELM BUSCH. Seine Lippen sind ohne Bewegung, als er sich mit Grabesstimme »Quäle nie ein Tier zum Scherz, denn es fühlt wie du den Schmerz« vernehmen läßt. Ein kahlköpfiger Schlachter packt mich, steckt mein linkes Bein in den Trichter eines Fleischwolfes und beginnt zu kurbeln. Das Bein wird kürzer und kürzer, und der Hackfleischberg wächst. »Witwe Bolte, herbei!« ruft der Bärtige hinter dem Vorhang. Da erscheint sie auch schon, läßt sich das Fleisch einpacken und verschwindet. Gestützt von Max und Moritz hinke ich hinterher. In ihrer Pfanne brutzeln Frikadellen, ihr Spitz tut sich gütlich an einem Klacks frischen Hackfleisches, und endlich wache ich auf. Nun müßten wohl alle schlußfolgern, daß BUSCH für Kinder schädlich sei. Liebe Leserinnen und Leser, ich habe sie auf falsche Fährte gelockt. Der Traum erfunden, nur das mit der Fliege stimmt. Viele Alpträume plagten mich als Kind, doch keiner war mit Geschichten WILHELM BUSCHS verwoben.

Die Kinderbuchabteilungen heutiger Buchläden öden mich an. Titel wie BIMBO IST ARM, RESI IM REGENBOGENLAND, MAUSI MACHT PIPI haben STRUWWELPETER und MAX UND MORITZ aus den Regalen verdrängt. Es würde mich nicht ärgern, wenn MAX, MEIN MAIKÄFER LÄUFT AMOK, BOBBY, DER BRUTALE BOXER oder STROLCHE AUF HEISSER STRECKE die Bücher meiner Kindheit für die heute Heranwachsenden überflüssig gemacht haben würden, aber so etwas gibt es nicht im Handel, und die Kleinen sind gezwungen, nachts, wenn die Eltern schlafen, heimlich das Fernsehgerät einzuschalten, um sich von irgendwelchen Monstren das lebenswichtige Fürchten lehren zu lassen. Dann doch lieber DER GEWANDTE KUNSTREICHE FRISÖR UND SEIN KLUGER HUND von WILHELM BUSCH. Oder meinetwegen seine auch nicht so bekannte Maulwurfgeschichte, in der ein gewisser Knoll den frechen Wühler beim Schwänzchen packt, um ihn mit aller Wucht zu Boden zu werfen:

Da liegt der schwarze Bösewicht
Und wühlte gern und kann doch nicht
Denn hinderlich wie überall
Ist hier der eigne Todesfall.

Daß Knoll dann wenig später in seinem feuchten Bett als Regenwurm langsam und genüßlich von einem Maulwurf verzehrt wird, hat BUSCH zwar nie erzählt und gezeichnet, kindlicher Phantasie aber ist keine Grenze gesetzt. Nehmen wir uns jetzt die Geschichte Die Brille vor: Ein Ehemann entwickelt sich nach Entdeckung eines Haares in der Suppe zum Haustyrannen. Seine Gattin entwendet ihm darauf die Brille, und schon sieht für ihn alles ganz anders aus, er sieht nämlich gar nichts mehr, verbrennt sich Finger und Hintern am Ofen, schlägt mit dem Stock wild herum. Seine Nase knallt gegen die Türkante, als die Frau sich seiner endlich erbarmt und ihm die Brille reicht. Am Schluß dann küsst er devot des triumphierenden Weibes Hand. Schluß? Für mich nur das Ende des ersten Aktes. Im zweiten darauf … ja, glauben Sie denn, diesem Herrn sind Rachegedanken fremd?

Und MAX UND MORITZ … ein für allemal von der Bildfläche verschwunden, tot? Ein für allemal vorbei, deren Übeltäterei? Wie war das noch: Rickeracke, Rickeracke ging die Mühle mit Geknacke, und zwei Enten verzehrten dann die zu Schrot vermahlenen Lausbuben, nichts sollte von ihnen übriggeblieben sein. Aber verdaute das Federvieh nicht, schied es das nicht auch aus? … Und so geht die Geschichte weiter: In zwei Häufchen Entenkot kommt urplötzlich Bewegung, das Zeug kriegt Konturen, Frisuren, sie rütteln und schütteln sich: Max und Moritz, die glänzendste Wiederbelebung seit Lazarus! Die beiden blinzeln keck und machen sich aus dem Staub, spannenden Abenteuern entgegen. So beginnen alle Folgen einer Max- und Moritz-Zeichentrickfilmserie, für die ich das Drehbuch schreiben sollte. Die beiden als Zivildienstleistende, Max und Moritz im Krieg oder … das würde mir Spaß gemacht haben. Leider fehlte mir die Zeit.

Warum hat WILHELM BUSCH seine Helden nicht zu neuem Leben erweckt, was mochte ihn dazu bewogen haben, sie so jämmerlich und für immer enden zu lassen? Keine Chance denen, die, wie es heute so schön heißt, Leben in die Bude brachten. Die von ihm kreierten wackeren Kämpfer gegen den Biedersinn, deren Possen ihn vergnügt haben mußten, lieferte er, gesellschaftskonform resümierend, gnadenlos aus. FIPPS, DER AFFE, stirbt durch die Kugel, der fröhliche Zecher Hans Huckebein macht sich ungewollt mittels eines Stricks den Garaus, wie's MAX UND MORITZ ergeht, habe ich bereits erwähnt. Eigenartig. Denn war's nicht auch BUSCHS eigenes Spiel, das er seine dreisten Frechdachse spielen ließ? Und wollte es letztendlich dann doch nicht gewesen sein. Er stahl sich davon, wechselte über zu Recht und Ordnung. Bestraft er sich damit nicht selber? Oder tat er das, um aus seinen Figuren Märtyrer machen zu können, Märtyrer der Spaßbewegung gegen Kleinkariertheit und sittliche Norm seiner Zeit? Wären dann aber später nicht MAX UND MORITZ als VOLKSSCHÄDLINGE von den Nazis aus dem Verkehr gezogen worden? Nur der beiden grausames Ende und die Moral von der Geschicht ermöglichte denen, Max und Moritz zu mögen. Also doch keine Märtyrer. Gemeine Strauchdiebe, die bestraft gehören, oder?

Kommt darauf an, wie man's sieht. Beispielsweise FIPPS, DER AFFE als Kinofilm. Letzte Sequenz: Das freche Tier, dessen Streiche uns so zum Lachen brachten, verfolgt vom mordlüsternen Spießermob. Dramatische Flucht. Wir drücken Fipps die Daumen, es hilft nichts, die Kugel trifft. Musik: Eines von MENDELSSOHN-BARTHOLDYS elegischen Liedern ohne Worte. Im Kino bleibt keine Auge trocken, die Meute auf der Leinwand hingegen zeigt nicht ein Quentchen Mitgefühl. Nur ein kleines Mädchen …

> Nur Elise faßt Fippsens Hand
> Während ihr das Aug voll Tränen stand
> Armer Fipps, so spricht sie herzig treu
> Damit stirbt er, alles ist vorbei.

Mit einem Stück aus JEAN SIBELIUS' sinfonischer Dichtung DER STURM schließt sich der Vorhang, und wir begeben uns traurig aus dem Kino, doch draußen schon keimt Wut in uns auf, Wut auf die Spießer und deren Intoleranz und Unduldsamkeit.

Wäre dies in Ihrem Sinne, verehrter WILHELM BUSCH?

WIGLAF DROSTE

EIN GLÜCKSFALL VON EINEM BUCH

Der Bär auf dem Försterball von Peter Hacks, illustriert von Walter Schmögner

Was will ein Bär auf dem Försterball? Was hat er dort zu suchen? Ist er auf Gefahr aus? Fordert er sie leichtsinnig heraus? Ist er dem Esel verwandt, der aufs Eis geht, weil ihm zu wohl ist?

PETER HACKS' Geschichte DER BÄR AUF DEM FÖRSTERBALL lässt sich in Kürze so erzählen: Ein betrunkener Bär verkleidet sich im Karneval als Förster, torkelt zum Försterball, wird als Oberförster begrüßt, feiert mit den Förstern und animiert sie, mit ihm Jagd auf den Bären zu machen. Als sie den Bären im Wald nicht finden können, führt er sie zu seiner Höhle, die allerdings leer ist. Sie kehren ins Balllokal zurück, wo der Bär erklärt, es müsse wohl einer von ihnen sich als Förster verkleidet haben. Daraufhin kucken die Förster den schwächsten von ihnen als Bären aus und beschließen, ihn zu schießen. Der Bär macht sie auf ihren Irrtum aufmerksam; just als die Förster entdecken, wen sie vor sich haben, kommt die Frau des Bären dazu, zerrt ihren Mann aus der Kneipe und geht mit ihm nach Hause. Der Bär aber lässt keinen Zweifel daran, dass er Unsinn solcher Art zu wiederholen gewillt ist. ENDE.

Soweit die Fabel der Geschichte, die grotesk, absurd und realistisch in einem ist. DER BÄR AUF DEM FÖRSTERBALL ist kein Märchen, aber märchenhaft schön erzählt. PETER HACKS wählt die Worte mit großer Sorgfalt, seine Sprache ist reich und dicht, also poetisch. Wassersuppe schreiben andere. Bei HACKS ist der Bär nicht gut gelaunt, er ist »von der besten Laune«. Er schwankt, denn er hat schon »ein paar Kübel Bärenschnaps getrunken«;

er hat sich als Förster maskiert, im Wald kommt ihm der richtige Förster entgegen, »quer über den knarrenden Schnee«. Wer einmal durch tiefen Schnee lief, hat das Geräusch sofort im Ohr.

Der echte und der falsche Förster begrüßen einander: »›Brumm‹, sagte der Bär, und sein Baß war so tief wie die Schlucht am Weg, in die die Omnibusse fallen.« Hier zucken pädagogisch wertvoll orientierte Eltern zum zweiten Mal zusammen: Erst dieser Alkohol, und dann noch Omnibusse, die in die Schlucht fallen – ist das kindgerecht? Dürfen Kinder darüber lachen? Ob sie dürfen, weiß ich nicht – sie lachen. Und wie sie lachen!

Für große Freude sorgt auch das Gebaren der Förster: »Sie stapften durchs Gehölz. Sie schossen mit ihren Flinten in die Luft. Sie riefen Hussa und Hallihallo und Halali, wovon das eine so viel bedeutet wie das andere, nämlich gar nichts, aber so ist das Jägerleben.« Womit das Wesen der piffpaffenden Grünröcke so gültig wie komisch zusammengefasst ist. Wenn die Förster es dem Bären nachtun und, wie er, Hagebutten fressen und sich ausschütten wollen vor Spaß, dann weiß man, wie plemplem die Menschen sind.

Die Meute folgt dem Anführer. Egal, was der Bär tut, die Förster laufen hinterdrein. Als er ihnen bedeutet, dass einer der Anwesenden ein falscher Fünfziger sein muss, suchen sie sich ohne Zögern den Schwächsten und Schüchternsten als Opfer aus. Erwachsene, die die Welt nicht so beschrieben haben möchten, wie sie ist, sondern vielmehr so, wie sie nach ihren Vorstellungen zu sein hätte, wehren und wiegeln an dieser Stelle ab und beteuern: »Nein, so sind die Menschen nicht!« Kinder wissen: Sind sie wohl!

DER BÄR AUF DEM FÖRSTERBALL verströmt eine Heiterkeit, die nicht auf Heuchelei basiert, die nicht erzwungen ist, sondern souverän: Es ist gut, sich nichts vorzumachen. Erkenntnis verdirbt eben nicht die gute Laune, sie ist im Gegenteil Voraussetzung dafür. In HACKS' Sprache kommt die Wahrheit leichtfüßig und springlebendig daher: »Die Förster gerieten in einen Tatendrang«, und die Frau des Bären »biß den Bären in den Nacken, damit er nüchterner würde«. Irrsinn ist männlich, Klugheit weiblich.

Ich bekam das Buch im Alter von etwa elf Jahren geschenkt, die Ausgabe mit den Illustrationen von WALTER SCHMÖGNER, der die Geschichte in dem heiteren Geist zeichnete, in dem HACKS sie schrieb. Nichts wird beschönigt. Die Spezies Mensch sieht ziemlich dumm aus, sehr gemein und, wenn auch unfreiwillig, saukomisch.

DER BÄR AUF DEM FÖRSTERBALL ist ein Glücksfall von einem Buch. Zehn Minuten braucht man, um es zu lesen, und der Nachhall dauert ein ganzes Leben. Sicher hundertmal habe ich den Försterballbären, wie ich das Buch als Kind nannte, vorgelesen. Es hat keine Silbe zuviel und nicht einen falschen Ton. Es ist weise, es ist drollig, es ist wahr, es pädagogisiert nicht, und wenn man es ausgelesen hat, ist man von der besten Laune. HACKS bevormundet nicht und beantwortet deshalb nicht alle Fragen, die er stellt. Selbst wenn man das Buch schon auswendig kennt, liest man es wieder und wieder, um irgendwann vielleicht doch noch das größte aller Menschheitsrätsel zu lösen: Was will ein Bär auf dem Försterball?

RATTELSCHNECK

F. W. BERNSTEIN

JOHANN WEBER SÄGEWERK
Oder: Wie sich geheimnisvolle schwarze Riesen auf wundersame Weise in heitere Gesellen verwandeln

An meinen Vater habe ich nur wenig Erinnerungen. Er ist gestorben, als ich noch keine vier Jahre alt war. Aber wo er gearbeitet hat, wusste ich: beim Weber. Das ist eine große Holz verarbeitende Fabrik, es gibt sie immer noch, mit riesigem Lagerplatz für Baumstämme und Bretter; Maschinenhallen. Vater war dort Wagnermeister. Beim Weber eben.

Als ich nach dem Krieg, 1945 also, in die Schule kam, ging ich täglich an einer Baracke vorbei, in welcher die Fahrradständer der Firma Weber waren. Außen aber, an der weißen Bretterwand, waren schwarze überlebensgroße Figuren aufgemalt; überfritzgroße damals – ich reichte den schwarzen Kerlen bis zur Mitte. Und genau in der Mitte des drittletzten Schwarzen war ein Astloch. Da durch sah ich eine Uhr in der Baracke, die Stechuhr vom Weber, wo die Arbeiter täglich ihre Karten abstempelten, wenn sie morgens kamen und abends um fünf, wenn Feierabend war.

Wann ich mitkriegte und begriff, was es mit den schwarzen Großfiguren an der Wand auf sich hatte, weiß ich nicht mehr. In der Schule bei Frau Zimmermann übte ich die Kurven und Schlingen der »lateinischen« Schrift, und bald hatte ich eine vorschriftsmäßig »schöne« Schrift drauf. Und die großen Schwarzen an der Barackenwand, das wusste ich nun, das waren dicke ausgewachsene Großbuchstaben in Blockschrift. Das Astloch für den Uhrenblick war im Mittelbalken eines »E«. Es waren 19 Stück Buchstaben in einer Reihe. Zählen konnt ich gut. In drei Gruppen standen sie da. Das waren drei Wörter. Und was sagten sie in ihrer stummen Sprache, die die Erwachsenen »Schrift« nennen und die ich jetzt als alter Leser auch so nenne? Sie sagten:

JOHANN WEBER SÄGEWERK.

So sah das also schriftlich aus, wo Vater Weigle gearbeitet hat als Wagnermeister. Es war richtig und wichtig, was da stand. Man braucht vor den Buchstaben keine Angst zu haben. Sie konnten nichts mehr vor mir verheimlichen, ich konnte sie lesen. In der Schule lernte ich noch, wie man sie nach dem ABC antreten lassen kann. Ich habe auch gelernt, dass man vor den großen schwarzen Respekt haben konnte. Anders als vor dem Nachbarn, Herrn Dodel. Vor dem hatte ich Angst. Der hat oft zugeschlagen. Die Buchstaben an der Barackenwand waren große Freunde.

Dass sie noch mehr als JOHANN WEBER SÄGEWERK sagen konnten, war mir auch klar. Unheimlich waren sie mir, wenn sie ganz klein auftraten. Zum Beispiel auf der leuchtenden Wählscheibe unseres Radios. Da hörte ich Stimmen und Klänge und man musste an dem mittleren Knopf drehen, dann rauschten andere Klänge oder Stimmen daher, oder ich hörte nur Wispern und Piepsen und »… Fritz, lass das!« Das war Mutter.

Ich konnte mich aber nicht gleich von den Tasten trennen und starrte immer wieder gebannt auf die schmale, hellgelb leuchtende Scheibe. Da waren Zahlen und Buchstabenfolgen aufgeschrieben, die hatten aber schon gar nichts mit den Stimmen und Klängen zu tun, die ich hörte und oft verstand. Ich las unverständliche Wörter wie »HILVERSUM«, und »BEROMÜNSTER«, und »KÖNIGSWUSTERHAUSEN«, und »MOTALA«. Das sind die Sender, sagten mir die Erwachsenen. Was das wieder sein mochten: SENDER. Und die Erwachsenen sagten auch, dass man einige Sender nicht hören durfte. Warum? Weil es verboten ist; frag nicht so dumm!

Später erfuhr ich, dass diese verbotenen Sender die ausländischen Sender waren und Wahrheit gesendet haben: dass der Krieg verloren sei und unser Führer ein Verbrecher. Der Führer schrie auch oft aus dem Radiokasten und man musste zuhören.

Dass Buchstaben auch in Wörtern vorkommen, wusste ich. Schon bevor ich lesen konnte, durfte ich oft zu Gamerdingers hoch, die wohnten im Stockwerk über uns in der Jahnstraße 125. Frau Gamerdinger machte Kernlestee und ich bekam mein Lieblingsbuch, ein Lexikon: *Knaurs Konversationslexikon A – Z.* Bilder gab es jede Menge auf jeder Seite; briefmarkengroße Fotos, Zeichnungen, ganze Bildseiten mit Sternbildern und merkwürdigen bunten Kleidern. Viele Tiere, Berge und Städte – die ganze Welt.

Jahrzehnte später hab ich mir die gleiche Ausgabe dieses Buchs der Bücher besorgt, die von 1932. Auf der Titelseite hätt' ich damals lesen können: hätte ich lesen gekonnt: »37000 Stichwörter, 2600 Illustrationen, 75 einfarbige und bunte Tafeln und geographische Karten, 50 Übersichten, 100 statistische Schaubilder im Text« – alles auf 1900 Seiten – mein erstes Bilderbuch.

Noch ein Bilderbuch gabs in unserem Haushalt, ein kleines Büchlein – ich hab's noch: »Deutsche, italienische, britisch-amerikanische und sowjetische Kriegsflugzeuge ... Stand Sommer 1943; Zusammengestellt unter Mitwirkung des RLM« (Das hieß *Reichsluftfahrtministerium*).

Ich weiß noch, dass es eine Art Sport war für uns Buben in der Jahnstraße – und für viele meiner Generation –, Flugzeuge zu kennen. In diesem Bilderbuch waren auf ungefähr 170 Seiten wie in einem Flugzeug-Quartett-Spiel die wichtigsten Flieger fotografiert, jeweils drei Bilder pro Typ – und kurz die wichtigsten Daten – aber auch ohne Lesekenntnisse konnt man identifizieren, was da flog (»plane spotting« würde mans heute nennen); etwa die Ju 52, ein Transportflugzeug; da stand – es war ein richtiger militärischer Lehrgang im Flugzeugerkennen:

»Grobansprache: Eindecker, dreimotorig, einfaches Leitwerk;
Feinansprache: Kastenrumpf;
Flugzeug-Erkennung: »Die Kasten-Ju«.

Angeben konnte man mit dem »Sturzkampfflugzeug«: »Eindecker, einmotorig, einfaches Seitenleitwerk, mit Fahrwerk; Dreieckknickflügel, Sattelrumpf, JU 37«.

Gegen Kriegsende sah man in Göppingen, obwohl dort ein »Fliegerhorst« war, kaum mehr deutsche Modelle. Dafür umso mehr die »britisch-amerikanischen« Flugzeuge.

Etwa die »Vickers Supermarine »Spitfire«, Jagdeinsitzer ... Eindecker, einfaches Seitenleitwerk, ohne Fahrwerk, Ovalflügel, spitz ...«.

Wenn Fliegeralarm war, mussten wir Kinder in den Luftschutzkeller. Sonst hätten wir auch die viermotorige Boeing »Fortress II« gesehen oder die »Douglas DC 4« – so konnten wir sie nur hören.

Später in der Schule, in den 50er Jahren, habe ich mich genau so intensiv mit Pflanzenerkennungsbüchern beschäftigt und kannte fast alle Orchideen, die auf der Schwäbischen Alb blühen. Das weiße und das rote Waldvögelein, das Knabenkraut – da gibts verschiedene –; Nestwurz und Riemenzunge. Nur den Frauenschuh hab ich nie gesehen. Die Bilder in den Büchern waren mir aber fast wichtiger.

Wo waren wir stehen geblieben? Bilderbücher!

Ob ich denn kein richtiges Kinderbilderbuch gehabt hab. Hatte ich. Das liebste waren mir DIE WURZELKINDER. Ein STRUWWELPETER muss auch dabei gewesen sein.

Aber gleich nach dem Lexikon kam unser Fotoalbum. Darin auch das Foto, wie ich als kleiner Purzel in weißer Baskenmütz' in der Wiese vom Bauern Maurer sitze, im Hintergrund meine spätere Lesewand: JOHANN WEBER SÄGEWERK.

Halt: noch eine aufregende Leseerfahrung:

Das Schild an der Scheune. Auf dem Weg bergauf zum Eichert, den ich oft ging, ob Sonntagsspaziergang oder mit den Freunden in den Wald, da stand unten auf den Nasswiesen eine Scheune – heut stehen dort Fabrikhallen – und oben rechts an der Scheunenwand ein Schild. Und ich konnte grad noch rechtzeitig lesen lernen, bevor die Farbe mit den Buchstaben endgültig abgeblättert war. Das Schild sagte: ACHTUNG! WENN ROTE FAHNE SICHTBAR IST, WIRD SCHARF GESCHOSSEN.

Ich wusste aber bereits, dass da ein ziviler Schießstand eines Schützenvereins in der Nähe war. Und keine kommunistische Revolution.

So viel zu Leseerfahrungen, an die ich mich erinnere. Irgendwie irgendwann muss ich auch schreiben gelernt haben. Sonst könnt' ich nicht darüber berichten.

ECKHARD HENSCHEID

KASPERLE, PUCKI, PURZELWIND

Von der Kindlektüre zum späteren Schriftstellerberuf – ein nicht unmittelbar plausibler Weg

Das erste Groß- und, wie sich zeigen sollte, nachmalige literarische Schlüsselerlebnis stand im Lesebuch der Volksschulklasse 2a; es war eine vielleicht zweiseitige Erzählung, und sie handelte davon, daß zwei Feldmäuse, eine grau, die andere mehr bräunlich, wunderbar in ihrem Lochbau zusammenhausten, sich überaus mochten und es überhaupt gut hatten; bis eine von ihnen, von Not und Neugierde getrieben, das Loch einmal verließ und, kaum im Freien, von der vor dem Loch bereits siegessicher lauernden Katze gefressen wurde; worauf die andere Maus nach einiger Zeit vor Gram und Kummer auch noch starb.

Ich aber, der achtjährige Leser, heulte widerstandslos, hemmungslos und meines Erachtens stundenlang Rotz und Wasser. Ähnlich viel wie, meiner Erinnerung nach noch im selben Schuljahr, über eine ähnlich gebaute Geschichte: in der eine hoffnungsvolle siebenköpfige Maikäferfamilie einer nach dem anderen, wie in AGATHA CHRISTIES ZEHN KLEINE NEGERLEIN, dahinstarb; hingemeuchelt von einer gemischten Mörderbande aus Vögeln, abermals einer Katze, Menschenkindern und weißderhimmelwem. Wieder flossen, strömten ungehemmt-unhemmbar Tränen. Entsprungen dem Quell, den Erwachsene wahlweise Empathie, Kompassion oder mit SCHILLER und ARISTOTELES einfach Mitleid nennen. Mitleiden mit der Kreatur, den Tieren, den Kleineren und Schwächeren. So viel ich weiß, handelt es sich da um die Speise, vielleicht die Hauptspeise, dessen, was SCHOPENHAUER und vor allem der deutsche ETHIKRAT »Moral« titulieren. In diesem Fall: Moral in Personalunion mit dem »Gefühl der Humanität« (KANT) – aber eben auch: mit Ästhetik, Kunst, Poesie.

Etwa sechs Jahre später war es wieder soweit. Spätstarter, der ich als Leser war, packte ich erst mit 15 KARL MAY – abermals quollen die Tränen, sturzbachgleich, schmerzlich schön, wohl einen ganzen Nachmittag lang; ich war so richtig, mit GOETHES GRETCHEN zu seufzen, am »Vergehen«. Dem Gymnasiasten, der da auf anderen Sektoren schon Dinge wie Algebra, Trigonometrie, Stereometrie, Wärmelehre usw. nicht übel zu bewältigen wußte: bei WINNETOUS Tod im Abendrot eines dreibändigen Romanlebens weichte ihm plötzlich alle feste Welt hinweg, die Erde versank in einem Meer von Jammer, Elend, aber auch echter Trauer. Sowie in dem merkwürdigen Hochgefühl, das sich dem gelesenen Pathos des Augenblicks – ein Großer verläßt uns, wird aber zuvor auch schnell noch vom Heiden zum Rechtgläubigen – verdankt: »Mein Bruder Charly, Winnetou ist ein Christ!«

Worauf KARL MAY, nach meiner Erinnerung, noch allerletzte Zuckungen des von der Kugel des feigen Santer tödlich getroffenen Apachenhäuptlings eintreten läßt – ehe dann, so ähnlich heißt es, der edle Körper wie in einem Aufseufzen aller Kreatur reglos daliegt. Das Hochgefühl aber des weinend zu Ende Lesenden entsprang, dessen erinnere ich mich bestimmt, dem FRIEDRICH SCHILLERSCHEN »Erhabenen« als dem »Ausgang aus der sinnlichen Welt« in eine geistige; und es näherte sich natürlich, wie bei ANTIGONE und der JUNGFRAU JOHANNA, aus der Projektion: So wie WINNETOU möchte man auch sein oder werden; notfalls um dabei sogar freudig und sofort selber zu sterben.

Der schöne Tod, das sich steigernde Selbstgefühl aus der Identifikation, das abermals kreatürliche Mitleid, das, wie bei den Alten, schon aus dem stellvertretend vorweggenommenen eigenen Leid herrührt: stärker als bei den vorherigen Mäuse- und Maikäferpassionen kam aus jenem Brei mein derart drittes literarisches Initiationserlebnis; ähnliche Erschütterung zeitigt sonst wohl nur noch Religion, und gleichfalls mehr in einem kindlichen Stadium. Daß ausgerechnet aus mir, dem ganz offenbaren Poetiker und Sentimentaliker und Romantiker, ausgerechnet später mal das zumindest vermeintliche Gegenteil, der heftig und aggressiv zulangende Satiriker und Polemiker, werden sollte, überrascht vielleicht dann nicht mehr so sehr, wenn man die neben der Tränenseligkeit zweite und gleich früh ausgeprägte Eigenheit taxiert: »Wer ist stärker, der Löwe oder der Tiger?« Antwortete meine Mutter »der Löwe«, konterte mein Widerspruchsgeist natürlich sofort: »Naaa, der Tiger!« Und umgekehrt.

Doch zurück zu den frühesten Leseerfahrungen und -eigentümlichkeiten. Insgesamt war ich gewiß, Erinnerungstrug hin und her, als Leser ein Spätling, ein Zögerling; so wie sich gleichfalls mein Schreibtalent nur sehr langsam und zauderlich entfaltete – auch wenn ich im Deutschaufsatz oft 1 oder 2 hatte. Vordringlicher meldeten sich erst mal die Talente fürs Malen und Zeichnen (mit sieben), für die Religion (mit elf), für den Universalsport (mit zwölf ff.) und dann vor allem die Neigung zur Musik (mit 14 ff.). Als Zeichner brachte ich es, in meiner Wohnung nachprüfbar, mit elf Jahren zu Leistungen, deren sich ein LEONARDO und DÜRER mit elf nicht hätten genieren brauchen, vor allem als Marien-Portraitzeichner.

Als Bücherleser und -versteher war ich lange Zeit eine Minderbegabung, ja ein Dummerl. In einem Alter, in dem z. B. mein Neffe später wenn nicht schon ULYSSES und RASKOLNIKOFF, so doch LEDERSTRUMPF, DON QUICHOTE und MOBY DICK in Jugendedition sich einverleibte – mit etwa 15 also, – da las ich weder LEDERSTRUMPF noch auch nur DIE SCHATZINSEL, an der ich vielmehr mehrmals wegen purer Konzentrationsschwäche vulgo Blödheit scheiterte; ich las weder, wie die Kameraden DURCH DIE WEITE WELT noch romanlich-hochwissenschaftliche Weltallexpeditionen – ich las auch kaum schon KARL MAY. Sondern in einem Alter kurz vor der Mittleren Reife, da ich gleichzeitig schon Gleichungen mit zehn Unbekannten, Auftrieb und Stromstärke berechnen, ja eine Logarithmentafel traktieren konnte: da las ich vornehmlich Mädchenbücher, nämlich NESTHÄKCHEN-Romane (den Namen der damals hochberühmten jüdischen Autorin habe ich leider vergessen); sodann die etwas spätere und wäldlerische Alternative, das FÖRSTERSKIND PUCKI in all seinem Werden und Trachten; sowie mit wohl schon 16 und noch begeisterter und objektiv beschämender: sämtliche KASPERLE-Bücher, eine ca. Fünfer-Fortsetzungsserie, jedes wohl drei- bis fünfmal, alles noch reine Kinderbücher – und dies bei gleichzeitigem Ausbruch der Voll- und Hochsexualität!

Meine Frau, die mir heute noch in manchen Belangen des Deutschen und der Lesekunst über ist, sie bewältigte zu der Zeit schon EINE FRAU ERLEBT DIE POLARNACHT, GULBRANSSENS UND EWIG SINGEN DIE WÄLDER, viel PEARL S. BUCK und bald darauf gar OSCAR WILDE; derart darlegend, daß nicht nur sie selber, sondern Frauen insgesamt zumindest in einem bestimmten Alter zerebral durchaus besser dastehen. Fortgeschritten war ich meinerseits da schon mit theoretischen und praktischen (Klavier- und Geigenspiel) Kunsterfahrungen vor allem in der Musik, als VERDI- und sogar fast noch kindlicher WAGNERIANER, in der Kenntnis auch eines klassischen Sonaten- und Sinfoniebaus – und wenig habe ich dagegen, wenn heute meiner Prosa und sonstigen Artefakten eine gewisse Musikalität unterstellt wird, ein musikalisches Formendenken, wenn man Chaconnes und Stakkatos und Rondos aus ihr herausliest und -hört. Richtig lesen lernte ich aber erst so mit 18 ff., und da nur langsam; weniger via Schule, mehr schon über meine früh lesebedarfte Schwester; und dann, seitlich des Abiturs (das mich im Deutschen zu Recht nur auf Note 3 sah) im Zuge eines lokalen Literaturzirkels, der mich zur Lektüre so damals forcierter Ambitioniertheiten wie BRECHT, BENN und dem seinerzeit hochästimierten W. BORCHERT zwang …

Bis 18 aber las ich, Trost für alle Eltern schreib-leseschwacher Kinder, so gut wie nichts, hatte keine Kriterien, schrieb auch, trotz erster Tummeleien im Lokaljournalismus, schlecht; erst mit 21, 25, 28 wurde es langsam besser; und mit 31 schrieb dann seinen ersten und schon meisterlichen Roman (DIE VOLLIDIOTEN) jener, der noch mit 16 sich mit PUCKI beschieden hatte. Und in die KASPERLE-Bücher in einem Alter, in dem die Kumpel bereits zum Stenzen und vielleicht sogar Wilderem gingen, gänzlich unangemessenen richtig vernarrt war. In diese Hauptfigur eines immer wiederkehrenden beseelten Spielzeugkasperls, der im Forsthaus, auf Glockentürmen und vornehmlich im herzöglichen Schloß ununterbrochen seinen unermeßlichen und unwiderstehlichen Unheilsunfug treibt und mich in der Hochpubertät noch kurz vor der Erfahrung des anderen Geschlechts in wahrhaft wundersame Einschlafwonnen versetzt haben muß.

Noch einmal: In der frühesten Leser-Kindheit Tränensentimentaliker, später Spötter und Satiriker – wie reimt sich diese Peripetie zusammen? Nun, erstens sind laut TUCHOLSKY Satiriker ohnehin nur verhinderte Idealisten; zweitens können eh nur ahnungslose Menschen als vermeintliche contradictio in adiecto beargwöhnen, was in Wahrheit eine coincidentia oppositorum als liaison plus ou moins dangereuse ist; und drittens kam als symbiotisches Ferment über meine Maus- und Maikäferanfälligkeit hinaus schon mit ca. sieben Jahren noch ein Buch hinzu, mein vielleicht erstes selbst gelesenes, das wohl sogar wichtigste und richtungsweisendste Buch meines Lebens: PURZELWIND, eine wunderbare Bild-Text-Kindergeschichte von Muckl, Bärbel, Kasperl, der Puppe Monika und eben dem Elfennachtgeist Purzelwind; ein Buch, das ich wohl 1948 schon komplett auswendig wußte; das ich nach 1985 heftig zu suchen begann; und das es plötzlich tatsächlich 48 Jahre nach dem Erstdruck 1943 (*Gebr. Richter*, Erfurt) in unveränderter Neuauflage wieder gab *(Verlagshaus Thüringen)*, im identisch nachthimmelblauen Einband. Jetzt erst prägte sich mir der Verfassername MAX DINGLER und der der Zeichnerin INGRID VOIGTLÄNDER-SIECK ein – und daß das kunstvollst gebaute, sich richtiggehend nach Art der WAGNERSCHEN MEISTERSINGER in Symmetrien, Spiegelungen und Spiegelverkehrungen bewegende Buch seitdem wieder die Nr. 1 bei mir ist, das –

Ich ende hier rasch; muß zum Lesen.

Illustration von KLAUS ENSIKAT aus: ECKHARD HENSCHEID GOETHE UND DIE FRAUEN

Nachsatz Juni 2008: Kasperle, Pucki, Purzelwind oder Warum ich kein Kinderbuch geschrieben habe

Warum ich aber selber nie ein Kinderbuch geschrieben habe? Nämlich anders als PETER HÄRTLING oder PETER BICHSEL oder LEWIS CARROLL oder BERND EILERT oder F. K. WAECHTER und mehrmals gewissermaßen auch ROBERT GERNHARDT?

Die Frage trifft mich a) sozusagen auf dem falschen Fuß, denn allzu gründlich habe ich in mir noch nicht recherchiert; ich könnte sie b) aber ziemlich akademisch abfackeln, indem ich auf die Nichtkonkordanz, ja Inkompatibilität kindlicher Welt- und Worterfahrung mit speziell humoristischen, also besonders stark reflektiert-gebrochenen Schreibweisen insistiere; ich könnte c) und etwas simpler das Wesen Kind einfach beleidigen und nämlich als unzurechnungsfähig oder zumindest literarisch minderbemittelt vorstellen; oder ich könnte d) auf eine Güterabwägung zwischen meinen mehr infantilen oder mehr adulten Kräften verweisen; oder e) einfach aus Zeitmangel; aber f) fällt mir gerade ein, daß ich doch schon mal ein Kinderbuch versucht habe, als Autor aber gescheitert bin, nämlich für ein Buch mit MICHAEL SOWA-Blättern sollte ich eine Art Kinderbuch-Neuversion von MOZARTS ZAUBERFLÖTE basteln, brachte es aber am Ende doch nur zu einem auch etwas arg kindgerechten Nachwort; und g) weiß ich aber jetzt plötzlich doch ganz genau, warum aus mir als Kinderbuch-Autor nie nichts wird: weil mir das Niveau der oben beschriebenen WINNETOU-Todesszene oder gar das der unsterblichen Zwei-Mäuse-Geschichte halt einfach als Verfasser nicht zu Gebote steht.

Und ich verzichte also weiterhin, mit einem Hauch von Tragik, freiwillig.

Mit der Nacht

kam der Nachtmahr.

Bei Einbruch der Dunkelheit
war er zur Stelle.

Er folgte den Leuten unauffällig.

War der Schlaf endlich gekommen, schlich sich der Nachtmahr so leise wie möglich an, und ließ dem Schrecken seinen Lauf.

Solch furchtbare, abscheuliche Dinge flüsterte der Nachtmahr den Schlafenden ins Ohr, dass an einen gesegneten Schlaf nicht zu denken war. Unruhig wälzten sich seine Opfer hin und her. Immer wieder schreckten sie schweissgebadet hoch. Kurz: Der Nachtmahr verstand sein Handwerk.

Und dann …

eines Tages …

… fiel dem Nachtmahr
nichts mehr ein.
Es war ein einziges
Stottern und Stammeln.

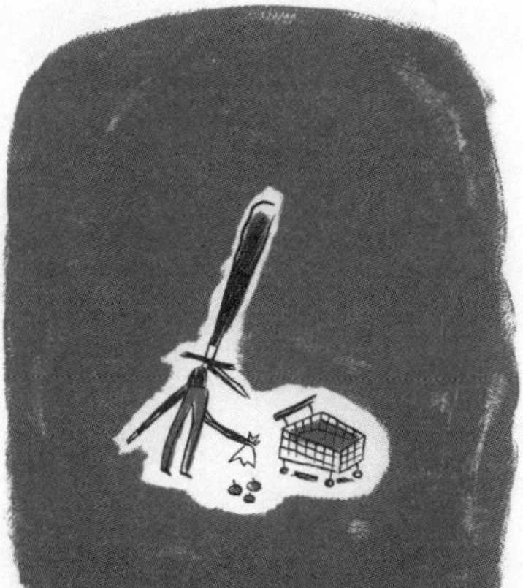

»Du gehst in den Supermarkt
und kaufst ein … nein zwei …
Äpfel … nein Birnen …«,
stammelte der Nachtmahr.
»Dann reisst das Sackerl.«
Das sollte ein Alptraum sein?
Es war erbärmlich.